桂三若

いろはに秋田

観客1千人を前に落語を披露する桂三若（2012年4月）

沖縄国際映画祭用の「JIMOT　CM」撮影
（2013年1月、秋田港フェリー乗り場）

地元タレントの皆さんと（2014年7月、秋田市大町のSJK劇場）

秋田での活動を振り返る桂三若（2014年2月）

桂浜サマーフェスティバルで秋田放送ラジオ「寄席場いいのに!」の公開収録（2014年8月）

田沢湖畔の一角で秋田ケーブルテレビ「AKITAるJACK」の撮影（2014年7月）

横手市大森の「芝桜フェスタ」で青空寄席（2012年5月）

小坂町「まなびピア」での高座（2013年10月）

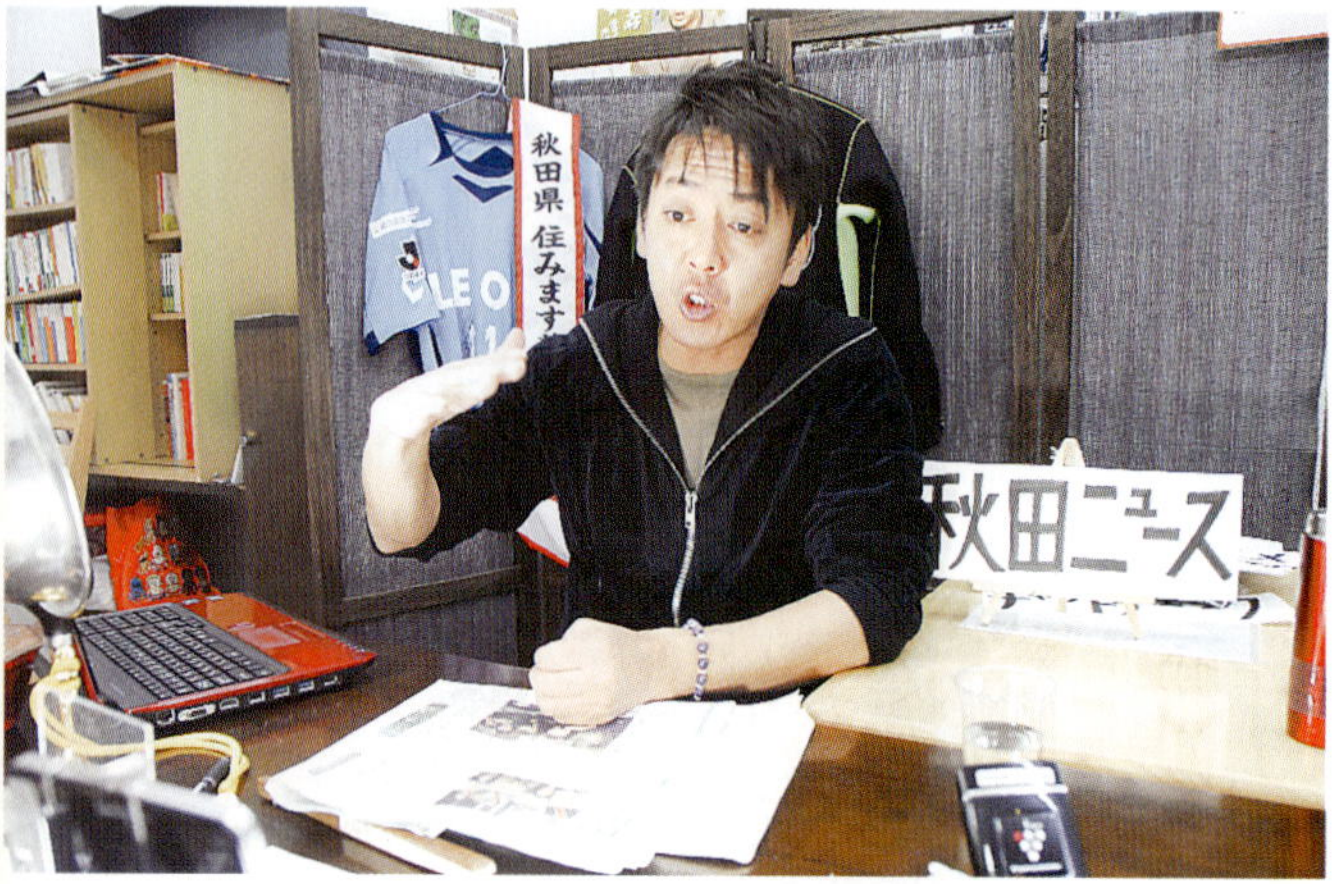

インターネット放送「ユーストリーム」の自身の番組で
秋田のニュースを全国に紹介（2011年）

花輪スキー場にて（2014年1月）

秋田市内のGL（グリーンライフ）三若ファームで大曲農業高校太田分校の生徒と一緒に野菜づくり（2012年5月）

秋田の話題を取り入れた落語を披露（2011年8月、秋田市大町のSJK劇場）

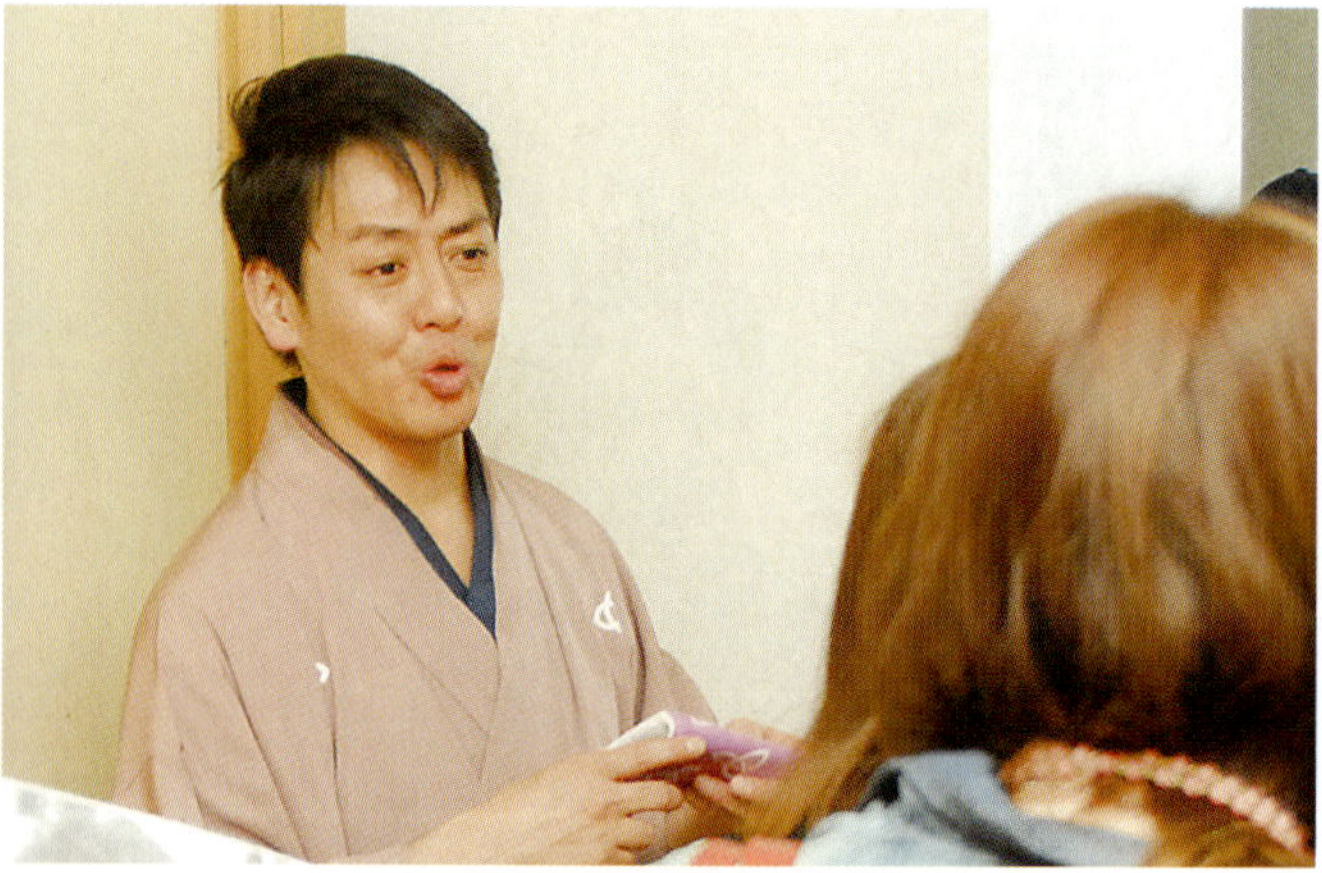

落語会終了後、観客と言葉を交わす（2012年4月）

能代の花火大会でマスコットキャラクター「さんじゃくん」「はなぴかちゃん」、秋田放送の椿田恵理子さんと（2012年7月）

「桂三若の秋田情熱ひとり会vol.11」でゲストの渡部絢也さん、イラストレーター・いせきあいさんと（2014年8月、秋田市の「ねぶり流し館」）

はじめに

２０１１年5月16日、秋田に引っ越してきた僕、リュックサック一つと10％の希望と10％の寂しさと１７０％の不安を背負ってました（パーセンテージが合わんけどね）。なんせ家なし、お金なし、仕事なし、嫁なし、知り合いなしのナイナイシックスティーンでしたから。今のフッ君状態です。

着いたとたん、思わず郷ひろみを歌ってましたね「言え（家）ないよ〜」。ただ「落語の楽しさを少しでも知ってもらいたい」という熱い気持ちはありました。

それから約4年、僕が心から惚れた秋田での喜びあり、怒りあり、涙あり、感動あり、笑いなし（ダメじゃん！）な噺を少しだけ聞いてやってください。

「いろは唄」にまとめてみたのは、47のテーマで偏りなく秋田のことを伝えることができると思ったからです。25市町村を全て回った僕としては、全ての市町村の良さを少しだけでも紹介したいという気持ちがありました。だから少し強引に「いろは」にくっつけている部分もありますが、細かいことは気にせずに秋田の大空のように、どんよりと僕を包んでくださいませ！（笑）

目次

桂三若　いろはに秋田

第二章 コラムあれこれ

第一章　いろはに秋田

㋑ いぶりがっこ（横手市）

僕が秋田に来てからよく「秋田の食べ物はしょっぱくて口にあわねぇだろー」と言われました。

確かに最初はお昼ご飯なんかは少ししょっぱいと感じることもありましたが、お酒が大好きな僕は「なるほど～お酒にぴったりなように作られてるんだぁ」と感心しながら盃を重ねたもんです。

中でもお酒のあてとして外せないのが『いぶりがっこ』ですね。秋田に住むとまず最初に覚えるのがこの単語といっても過言ではないかもしれません。それほど秋田県民には日常に根付いています。がっことはいうまでもなく漬物のことです。秋田では単語の下に親しみを込めて「っこ」をつけることが多いです。茶っこ、犬っこ、飴っこ、湯っこ、こっこ、おしっこ（それは違う！）など。関西弁で「ちゃん」をつけるようなものです。飴ちゃん、運ちゃん、おっちゃん、アグネスちゃん（それも違う！）などなど。毎日食べる漬物でエブリーがっこが訛《なま》っていぶりがっこになった、と秋田に来てすぐに騙されたのは何を隠そう私です。燻《いぶ》ったがっこで、いぶりがっこなわけですね。

いぶりがっこは横手市山内地区が有名で、ここでとれた立派な「でえこ」（大根）を縛って吊るしていぶすという、マニアならお金を払ってでも味わいたいが、一般人なら耐え難き試練を乗り越えて出来上がります。炊き立てほかほかのあきたこまちの横という定位置はもちろんのこと、酒っこの横、お茶っこの横、お菓子の中、ピザやパスタなどの中からも発見されるほど神出鬼没です。「こんなとこに納まるか！」という驚きは、スマホの小さな画面で見るテレビにマツコ・デラックスが納まってるのとおなじくらいのレベルです。僕もいろんな店でいぶりがっこを使ったオリジナルメニューを食してきましたが、どんな料理にも意外に合います。噛めば噛むほどに燻製の香りがお口の中に広がり、ぱりぱりっとした食感は癖になりますよ。

けどたまに「これにいぶりがっこが付くか〜」と驚くようなこともあります。ケーキやパフェを注文して横に添えられてた時はさすがに度胆を抜かされましたね。

昔は家庭でもよく作っていたそうですが、今は買ってくることが多いようです。『がっこ』のほうはどこの家庭でもあたり前のように作られてます。家に招かれるとなんや知らんけどとりあえずがっこが出てきますもんね。とにかくがっこはおやつであり、メインデッシュであり、非常食でもあり、また大阪のおばちゃんが電車に乗ると周りに飴を配るように、秋田ではおばちゃんが「はいこれ」とポケットから取り出してがっこを配るんです（そんな奴はおらんわ！）。まさに秋田の子供たちはがっこ（学校）で育ったといえるでしょう。

ろ 六郷の湧水（美郷町）

秋田といえば、とにかくお水が美味しいです。お水が美味しいからお米が美味しい、お米が美味しいからお酒が美味しいというわけで明日も二日酔いなわけです（笑）。

お水とお米と空気の美味しさは秋田美人を作る要素になってると思います。女優の佐々木希さん、加藤夏希さん、大人気の壇蜜さんに歌手の藤あや子さん、作家の内館牧子さん（突っ込みは自分で入れてね）も美味しい水で育ったからこそです。そんな秋田でも特に美味しいと言われるのが美郷町の六郷の湧水です。マスコットキャラは『ミズモ』ちゃん、水の妖精がモチーフのゆるキャラですが、全くゆるくないスルド過ぎる目の輝きをお見逃しなく。

美郷町はお水が清らかなだけあって人々も清らかです。中でも美郷在住、秋田のアイドル（?）ブラボー中谷さんは僕にとって特別の存在ですね。

ブラボーさんは僕が秋田に来ると真っ先に連絡をくれました。「私がマジシャンになれたのは三枝師匠のおかげです」

昔、師匠の番組で、仕事をやめてマジシャンになることを心配する奥さんに「奥さん、旦那さんのマジックは面白い！　世界にも通用しまっせ～」と背中を押してくれたそうです。それ以来ブラボーさんはうちの師匠を心の師と仰いでくれてるそうで、「お弟子さんが秋田に来たのなら」と本当に良くしていただいてます。一緒に番組に出させて頂き、僕の落語会にもゲストで出て頂き、美郷町のブラボーさんの店（呑々亭）で落語会まで開いてくれました。ブラボーさんを見てていつも思うのは「芸は人なり」ということ。どんな芸でも最終的には人間性が大切だということです。

楽屋に遊びに来た一人だけのお客様に舞台と変わらぬ一生懸命さでマジックを披露するブラボーさん、目の前の人を喜ばすために全力を注ぐ姿に芸人の原点を見せて頂きました。そして何よりあの癒される笑顔とあったかい秋田弁。うちの師匠の優しさがブラボーさんに、ブラボーさんの優しさが僕に大きな力を与えてくれてます。人間ってこうやって繋がっていくんだなぁ、と感じながら「よし、僕も人に大きな力を与えられる噺家になろう！」と心に誓った夜でした（どの夜？）。

ＰＳ―親愛なるブラボーさん、今度から電話で打ち合わせをするのはやめましょうね。５分ほど話しましたが「あ〜ブラボーさんが喋ってるんだなぁ〜」ということ以外は何にも分かりませんでしたから（笑）。あまりお酒の飲めないブラボーさんですから、今度六郷の湧水で作った仁手古サイダーで乾杯しましょう〜！

僕のサイダーはブラボーさんのマジックでお酒に変えてもらいます（そんな高度なマジックは無理かも。笑）。

秋田のスター、ブラボー中谷さんと一緒に

㋩ はたはた（八峰町）

秋田に来てから初めて食べたものがいくつかあります。

まずは『すじこ』。これは大阪では食べたことがなかったです。コンビニのおむすびに普通に置いてあるのはびっくりでした。初めはちょっと塩辛いなぁと思いましたが、これが慣れてくると美味しいんです。おむすびにぴったりの具材で、今では筋金入りのすじこファンです。オムスビンピックがあったら間違いなく金メダルを山下清と争いますね。

そして秋田のコンビニではおむすびを買うと、けっこうな確率で「あたためますか？」と聞かれます。これも大阪では無い習慣ですから最初はびっくりします。大阪でドッグフードを買って「あたためますか？」と聞かれた時くらい、びっくりしましたよ。ちなみに猫缶に「お箸はおつけしますか？」と聞かれた人も知ってます。

それから『だだみ』。これは名前にインパクトがありすぎます。おっちゃんに居酒屋で「だだみ食べるか？」と聞かれた時は「だだみ⁉⁉」となりましたが、これは鱈の白子で大阪でもよく食べてました。

　そしてハタハタです。おそらくハタハタ自体は食べたことがあるような気もしますが、ブリコの入ったハタハタは秋田で初めて食べました。ぶりこは食べるというより吸うといった感じですか。あのじゅるじゅる感がたまりません。熱燗にぴったりで、一発で惚れてしまいましした。あのお腹がぷくっと膨れた感じが堪らなく、今では妊婦さんを見ると「あ〜ぶりこが食べたい〜」と思ってしまうほどです。ハタハタといえば男鹿では様々な「ハタハタ丼」を提供してくれてます。『省吾』さんで食べたイタリアン風のハタハタ丼は若い女性にも大受けしそうなお洒落な味でしたのでぜひお試しあれ。夜に行っても〝省吾（正午）〟ですので間違いないように。

　男鹿水族館ＧＡＯではハタハタの歴史が学べます。今では少しだけ高級魚であるハタハタですが「昔は箱にいっぱい詰めて売ってて毎晩ハタハタだったなぁ」といわれるほど乱獲されてた時期があって、ハタハタを守るためにしばらく獲るのをやめてた時期があったとか聞くと、ほんとに秋田県民がハタハタを大切に思ってることが分かります。ハタハタを応援するために旗々を振っているくらいです。なんせ県魚で「神の魚」で鰰ですから（雷の夜に産卵することから鱩とも書きます）。

ハタハタといえば秋田音頭にも唄われてるように八森が有名ですね。八森漁港でもハタハタ漁は冬の名物詩です。八森はきん枝、文珍、いや…はっぽう町（八峰町、分かりにくいかな？）ですね。

ちなみに八峰町の『八森いさりび温泉ハタハタ館』さんに寄せてもらいましたが、入るとまずは広〜い売店があり「わあ〜きりたんぽにハタハタ寿司〜」とテンションを上げてくれます。お風呂はいきなり宿の方に「三若さん、まず女風呂からどうぞ！」と勧められドキリ。

「え〜いいんですか〜」

「今は掃除の時間でお客様がいませんので」

そりゃそうやね。露天風呂に行くと「うわ〜なんじゃこりゃ〜」初めて見る檜の舟風呂。森林浴のように木の香りを楽しみ、素晴らしい海景色を眺めながらお舟に浸かってると、大海原に挑むディカプリオのような気持ちになります（沈む？）。

男風呂はうってかわって硬派な岩風呂。ゆったりと自然に包まれ癒されます。男風呂と女風呂は日替わりで楽しめますので毎日どちらも入ってくださいね（あかんよ！）。

最後に八峰町には愛想のいい方が多いですよ、八峰（八方）美人いうくらいですから。

●に 乳頭温泉（仙北市）

秋田といえば温泉です。こっちに来るまでは秋田がこんなに温泉天国だとは知りませんでした。県内に200以上の温泉があるんですよ。僕は100か所近くの温泉に行きましたが、どれもお湯はええし、景色は綺麗だし安い！　大阪にいる時は車で何時間もかけて高いお金を払って行かなければいけなかったのに、歩いていける距離に何百円で入れる温泉がたくさんある幸せ。秋田の皆さんがお肌つるつるなのも納得です。

中でも一番有名なのはやはり『乳頭温泉』でしょう。名前の響きから県外の人は少しひわいなイメージを持つかも知れませんが健全な温泉です。当たり前か。

秋田市からハットリ君のように山を飛び谷を越えやって来ると周囲はブナの原生林に包まれ空気がうまいっす！　硫黄の香りに温泉欲がかきたてられます。某宿のスタッフのお嬢さん三人とお話ししましたら三人とも生の（？）熊を見たことあるそうで、どでした（びっくりした〜）！　熊を見た時の感想は「本物のぬいぐるみみたい〜」だったそうです（…意味不明。笑）。散歩に行くなら鈴つけときましょうね～。

乳頭温泉を「秘湯の地」から「人の地」に押し上げたのが超有名な『鶴の湯』さんです。日帰り温泉はバスでたくさんの人がやってきます。なんといってもメインは混浴露天風呂！　混浴の心得が看板で出てます「女性を好奇な目で見ないこと」…なのは分かってますが…ついついキョロキョロ（汗）。一昨日くらいからずっと入ってるんちゃうかぁ？　というオッチャンもいたりします。ベストポジションの岩場の上に鎮座まし、眼だけは爛々と輝かせ、女子の登場を待ってます。体全体から漂う疲労感は温泉で疲れを癒しに来たとはとても思えません。だって温泉であんなに疲れてる人を初めて見ましたもん。ここで三若の格言「混浴で女性は60歳までアイドルになれる！」。80歳くらいのおばあちゃんをみんなガン見してましたから（笑）。

ちなみに乳頭温泉は白濁湯ですので中に入ってしまうと何も見えませんよ。女子は皆、温泉の中を座ったまま移動しますが僕に怒らないでね。

しかし大自然に包まれてまったり温泉に浸かってるとそんな俗な感情も吹き飛びま

すよ（たぶん？）。とにかく秋田の温泉は最高です。

特に雪を見ながら入る露天風呂の贅沢さ。宝石のようにキラキラ光る美しい雪景色を眺めながら、体の芯からあったためてくれるお湯に浸かってると身も心も全て溶けてしまいそうになります（雪はなかなか解けへんけどね）。一瞬、雪が凄すぎて「冷たくないかな？　大丈夫かな？」とひるみますが、入ってみるとあったかい。これって何かに似てませんか？　そう僕の感じた秋田の皆さんそのまんまなんです。一見しょしがりで「愛想がないのかな？　冷たいのかな？」と感じますが、懐に飛び込んでみると本当にあったかくて気持ちがよい。その居心地の良さに癒されいつまでもいたくなるんです。これからも高校野球のように熱泉（熱戦）の後の効果（校歌）を求めて温泉巡りを続けますね。あっ、たまに温泉にドボーンと飛び込む人がいますがルール違反ですよ。きちんとかけ湯をして体を綺麗にしてから入って下さいね。僕なんか必ずお風呂に入ってから温泉に行きますから。

ちなみに僕がしょっちゅう利用させていただいているのは『福祉健康新屋温泉』さん

です。ここでは毎月一回ＡＢＳラジオ「桂三若の寄席場いいのに」の公開録音をしていますのでぜひ遊びに来て下さい〜。

ほ ホッキョクグマ（男鹿市）

男鹿市といえば海と山に囲まれた大自然で見所もいっぱいあり、大好きなスポットの一つです。入道崎は絶景です、断崖絶壁で片平なぎささんと船越英一郎さんがウロウロしてるんじゃないかと探してしまいます。ここで犯人が全てを告白した後に捕まるわけで「なんで全部喋ってしまうんや〜あほか〜！」と突っ込みを入れることでしょう。

寒風山ではパラグライダーが楽しめます。山の上からフワフワっと浮き上がり空中散歩。素晴らしい景色が待ってます、ぜひお試しあれ。少し怖いと思う方もいらっしゃるでしょうが、秋田空港からプロペラ機で飛ぶのと同じくらいの怖さだと思って安心してください。

潮瀬崎にあるゴジラ岩は夕陽が口の中に入ると、ゴジラが火を噴いてるように見える自然の造形美を感じられる大きな岩です。だんだん浸食されて少しゴジラの形が微妙になりつつあるのもおつなもんです。同じ場所にあるガメラ岩はさらに微妙であることも付け加えておきます。

そして男鹿はダイビングのスポットでもあります。美しい海に潜ると、大きな鯛やイカの集団が見られる海中散歩が堪能できます。僕も初めて挑戦したときはダイビングショップ『オールマリン』のインストラクター鎌田さんが丁寧に指導してくれました。少し海水を飲んでしまった僕が「いや〜秋田の水は美味しいと聞いてたんですけど、しょっぱくて美味しくないですね〜」という小ボケを言うと「山側の水は美味しいです！」と的確に突っ込んでくれる優しい鎌田さん（笑）。海の男は大らかです。そんな魅力溢れる男鹿のアイドルが、男鹿水族館ＧＡＯのホッキョクグマ（白熊）の豪太です。世界最大の肉食獣として最も恐れられてるとは思えないほど、秋田の皆さんは溺愛してます。

クルミという年上の伴侶を得てからの豪太は大変でした。なんとか子供の顔が見たい。秋田県の少子化をなんとかしてほしいという要望を一身に背負ったかのような期待っぷりで、連日、豪太の行動が報道されます。「クルミと交尾しようとしましたが、クルミのほうが嫌がって交尾は確認できませんでした」などのトホホな報道に豪太も男として立つ瀬がなかったと思います。なんせクルミのほうはバツイチ（とは言わないか？）で、前の水族館ではつよしとラブラブで子供まで作ってるんですから。豪太としては男のプライドと秋田県民全員の期待をかけた戦いの毎日だったはずです。その時期に豪太を見に行きましたが、心なしかやつれてるような気がしました。自慢の真っ白な体も少し黒ずみ、体まで苦労（黒う）して頑張ってるんだぁと哀愁を誘ったもんです。

しかしついにやりました〜！　豪太、初めての交尾。このシーンは各局でニュースで流れました。豪太が男になった瞬間を秋田県民１００万人が見守ったのです。皆が「やったな豪太」と思う裏で豪太は「あい〜しょし〜（恥ずかしい）そんなもんまで流すかぁ！」となってたことは間違いないでしょう。子供は無事に産まれ公募でミルクちゃんと名づけられました。ミルクちゃんは現在釧路ですくすく育ってるようです。

なかなかうまくいかないホッキョクグマの子作りに成功した豪太は秋田の英雄です。「よし、豪太！俺も頑張るぞ〜」と秋田男子は刺激をもらい子作りに励んだようです。ニュースでその映像は流れませんでしたけど（当たり前や！）。

へ　へばな〜（秋田弁を代表する挨拶。意味は「さよなら〜」。同意語に「まづな〜」「せばな〜」などがある）

秋田に来てやっぱり難しかったのは秋田弁です。市内の若者たちは所々に秋田弁がでるだけで標準語の方が多いんですが、年輩の方はバリバリのネイティブです。ほんとに外国語のようで「んだ」がＹＥＳということが分かるのに１カ月かかりました（かかりすぎや！）。

初めにびっくりしたのが「おばんです」という挨拶、夜になると「おばんです」いいながら、おじんが入ってくるんですよ。「おばんですか？」と聞くと「いえ、おじんです」と答える無理問答のような会話が衝撃でした。みんなでお茶を飲んでて帰る時に「あべ、あべ」と声をかけるので、秋田には安部さんが多いんだなぁと思ってましたら「あべ（行くぞ）」の意味でした。ちなみに秋田は日本一佐藤さんが多いです。塩の製造をしている方も佐藤（砂糖）さんでした。総体的に佐藤さんは甘くて優しい人が多いです。逆に苦くて厳しいのは武藤（無糖）さんです。

秋田県では、さしすせその発音が非常に難しく「すったげ（たくさん、すごく）」なんて言葉は「し」と「す」の中間音だと教えていただきましたが、そんな中間音とか聞いたことないし〜と頭を抱えましたよ。「石」「椅子」「寿司」「スス」これらはほとんど一緒の発音です（汗）。ちなみに僕は3年間練習してますが、まだこの発音をものにできてません（涙）。一度、お友達の家に招かれた時、そこのおじいちゃんが「今日は三若さんのためにシシとったど〜」と言うので、わざわざ猪を狩猟して捕まえてくれたんだぁと思ったら、普通に寿司が出てきました。

また県南と県北で言葉が全然違ったりします。県北で「すったげ」（すごく）と言うのを県南では「すこたま」と言ったりします。僕が県北で「県南ではすこたまって言ってましたよ」と言うと「あ〜むこうはざいご（田舎）だから訛っとるんだぁ〜」とすごい訛で教えてくれました（笑）。「いや、どっちも訛っとるがなぁ〜！」なんてベタな突っ込みさえ入れる隙をあたえないほど威風堂々としてました。

それから時々秋田弁が怖いなぁと思うときもありました。県南のほうに行くと優しそうなおばあちゃんがニコニコ笑いながら、食堂で鶏肉なんかにかぶりつき「しねぇ～」と言ってるんです。「死ね～」誰が？　肉が？　生きてるの？　呪い？　とか恐ろしくなりましたが、これは「噛み切れない」という意味ですからあしからず。なかなか奥が深い秋田弁ですが、慣れてくるとなんとも可愛らしく情のある言葉だと分かります。特に帰り際の「へばな～」というのは大好きです。

僕が審査員をした魁新報さんの大喜利大会で大賞に選んだのが「夕暮れにへばなまづなでまた明日」なんか「バイバーイ」と別れるよりほっこりした気分になり、また明日も会えるんだぁという心強さを感じます。優しくてあったかくて包まれたような気分になるのは秋田のみなさんのハートがそのまま言葉に宿ってるからなんでしょうね。

もう僕もこれからは秋田弁しか喋りまへんで～（どこが？）。

と 十和田湖（小坂町と青森県の県境にある湖）

秋田には少しだけ残念なことがあります。それは県境に貴重なものがたくさんあることです。秋田富士と言われる霊峰鳥海山のてっぺんは山形に取られました。世界遺産の白神山地は青森に取られました。そして十和田湖も青森に取られました。取られて取られてかまどきゃし～（破産した）です。けど十和田湖の半分は小坂町のものです。小坂町といえば春にはアカシアの花が咲き誇り町を美しく染めます。アカシア祭りは必見です。百年以上の歴史を誇る康楽館は過去も現在も数々の名人上手といわれる噺家たちが独演会をしてきました（ちなみに僕もやりました。オッホン）。そして美しい十和田湖では『冬物語』というイベントが行われます。屋台がずらっと並び、花火は上がるわ芸者はあがるわ（あがらへんよ！）なかなか華やかなイベントです。大きなかまくらの中に作られたバーはカウンターも椅子も全て雪です。

手袋を借りて冷えたビールやカクテルを楽しむのはおつなもんです。ぜひ『十和田湖冬物語』には一度行ってほしいですね。

ただ落語はあかんね～（汗）。

僕はそのイベントで落語をしてほしいとお願いされ参加したのですが、会場はなんと〝かまくら〟の中。当日は氷点下13度というペンギンがその辺をウロウロしててもおかしくない気候。いくら室内ゆうても雪で作った室内やし！「笑ってもらえるんやろうか？」という僕の心配は杞憂に終わり…ませんでした（汗）。

お客様は物珍しさも手伝ってなぜか満員。りんごの木箱で作られた高座に座り「はいど～も～」と始めますが、入り口から入ってくるブリザードに皆さんブルブル震えてます。前の子供二人は雪が嬉しいのか雪合戦を始めちゃいます。5分もすると「おしっこ～」と想定内の展開。かまくら内に虚しく響く僕の声。初めてですよ舞台上からお客さんに「頑張ろう！」とエールを送ったのは（八甲田山やないねんから！）。時が経てば経つほど凍えていく会場、どんどん冷たくなっていく自分の体に「このまま眠ってしまえば楽になれるかな…」なんて考えてしまいました（寝たら死ぬぞ～！）。まぁ唯一の救いは寒さで口がガクガク震えてるのが笑ってるように見えなくもなかったことです（ものすごいマイナスなプラス思考やね）。「笑い」というのは色んなものが満たされて初めて成り立つもんだということがよく分かりましたね。そらそうですよ雪山で遭難してる人達に「え～馬鹿馬鹿しいお笑いを一席お付き合い願います」なんて出ていったら間違いなくどつかれますから。

結論を言うと〝かまくら〟での落語は向いてない。僕は主催者さんに思わず叫びましたね。「次は〝かまくら〟ではなく〝きゃばくら〟で落語しましょう！」

ち 鳥海山（にかほ市）

由利本荘市とにかほ市に広がる秋田を代表する山で秋田富士とも呼ばれてます。その姿は雄大で美しく、本家の富士山に負けないくらいの魅力的な山です。しかし残念ながら山頂は山形県のもので、他県の人は「鳥海山って山形の山でしょう」と必ず言います。これが秋田では歯がゆくてしかたないのです。「てっぺんは山形だけどあれは秋田の山だぁ」と言っても「てっぺんが山形なら山形の山じゃん」なんて横浜弁で言われ地団駄を踏むのです。

けど僕は断言します。鳥海山は秋田の山です。その根拠は秋田のスーパーヒーロー超神ネイガーが守ってくれてますし、鳥海キックという必殺技があるからです。根拠弱すぎますか？　ちなみに超神ネイガーは赤いコンバインで登場する、なんとも庶民的なヒーローです。小林旭か！　まぁ鳥海山が秋田のものか山形のものかは置いておいて、登山コースとしても素晴らしいのは間違いないです。一時ダイエットにはまってた僕は、まずはどんなダイエット法があるのか調べました。

朝バナナやこんにゃく、納豆やにがりなど情報が錯綜し過ぎてどれが正解か分かりません。『お米をしっかり食べて痩せる本』の横には『炭水化物抜きで痩せる本』が売られてたりします。この二冊を買っていったおばさまは一体どこに向かってるんでしょうか。ですからオリジナル法でやってますが難しいですねぇ。

ビールがぶ飲みダイエットや飲みの締めにラーメンダイエット、半ライス大盛りダイエットなどいまいち効果がありません。当たり前か。けど色んな人の話を総合すると、一番確実に痩せるのははウォーキングのようです。それからあちこちをウォーキングするようになりましたが、秋田は空気が美味しいし、景色が美しいし楽しく歩けます。

千秋公園あたりは特に大好きで、いつも「今週きても千秋（先週）公園だ～」とか言いながら歩いてました。危ない奴だと思わないでください。そしてその辺を歩くだけでは物足りなくなった僕は「よし、鳥海山を登ってみよう。せっかく登るなら頂上で落語をして聞いてもらおう」と決意しました。タイトルは「秋田のてっぺんで落語を叫ぶ～

でも頂上は山形やで～」に決まりチラシを作ってもらいお客様を募集しました。それから気合を入れて体を鍛えましたね。体に良いことをしようと美木良介さんのロングブレス呼吸法を使ってタバコを吸うようにしましたし（まずタバコをやめなさい！）TRFのダンスDVDを買って家で鑑賞したりしました（踊らないと意味ないよね！）。

そして気力、体力ともに充実してきた3日ほど前にTマネージャーから電話。「三若さんすみません、鳥海山ツアーは定員が集まらなかったので中止になりました」

ガーン！！！　俺の戦いの日々を返せ～。まぁけどそうでしょうね。落語なんて身近でやってるからふらっと行こうか、となるんです。お金払って必死で山を登って、なんとかたどり着いたそこで待ってるご褒美が落語ではごしゃがれ（怒られ）ますよ。というわけで僕の鳥海山登山はまだ決行されてません。近々必ず登り、頂上にいる人に無理矢理落語を聞かせるつもりです。そして頂上を山形から取り返してきます。それは無理か。

❾ リコ！　金萬（秋田市）

秋田には独特なテレビCMがたくさんあります。「○○中学校の修学旅行生たちが無事に宿に到着しました」なんてテレビで流れるのは秋田だけでしょう。「おっ、無事に宿に着いたんや〜良かった良かった」と保護者ならずともほっとしてしますのは、ほのぼの秋田の良さであります。

そんな秋田CMの中でも一番インパクトがあるのが「リコ！　金萬」じゃあないでしょうか。いきなりサラリーマンが「もちろんこれですよ」とワイシャツの胸ポケットから取り出すのが、まさかの剥き出しの金萬。まるで警察手帳か身分証のように、県外に行った際には金萬を出すことによって秋田県民であることが通じるパスポートとしての役割を持っています。実際に学生時代の飲み会でも「どこ出身？」と聞いて「これですよ〜」とポケットから金萬を出してくる人を何人も見ました（おらんおらん！）。もはや肌の一部と化しているといってもいいくらいです。そしてブラジル人が「28コタべマシタ〜」のセリフに「食べすぎや！」と関西人風に突っ込んだことのある人は数知れず。実際に28個食べようとチャレンジして「腹つえ〜（お腹いっぱい〜）」となった人も多々あり。27個でやめてしまって「後一個がんばれよ！」とどつかれ、県外に左遷された人も2、3人いるはず（ほんまか？）。昔からいろんなCMがありラテンバージョンではブラジル人が踊りまくりながら『キンマン〜リコ〜オイシイ〜』と叫びます。なぜブラジル人なのかという素朴な疑問は置いておいて（一番気になるけど）秋田県民の9割がブラジル語（ポルトガル語）で「リコ！（美味しい）」と言えるはずです。おそらくブラジルワールドカップでも秋田県民の多くがブラジルへ行き、シュラスコを食べ秋田訛りで「リコ！」と叫んだことでしょう。

もちろんブラジルでも金萬＝秋田は大人気です（ほんま？）。ちなみにサッカーブラジル代表のネイマールは、子供のころから落ち着きがなく、ボールを蹴ってはあっちにウロウロこっちにウロウロとなかなか座ろうとしないので「まんずねまれ〜（まず座れ）」と言い聞かせてたのがブラジル風になまって「ねまる↓ねいまーる」になったという偉大な落語家さんの説があるくらいです（笑）。秋田が誇る最強のお土産『金萬』。僕も秋田にきてすぐに「ぜひこれを食べてください」とたくさんの人から頂きました。

美しいまん丸のフォルムの真ん中に威風堂々と刻まれた金萬の文字。ポニョポニョとしていつまでも抱きしめたくなるような手触り。一口で頬張ると柔らかい皮の中からとろけだす白餡。「リコ！　ダメマスー（もっとくれ）」と叫んだことはいうまでもありません。お味のほうはもちろん「リコ！」そして金萬をお土産にチョイスする人は「利口」なんです。

㋦ヌルヌルのじゅんさい（三種町）

三種町といえばじゅんさいの生産量日本一で有名です。全国で食べられてるじゅんさいの9割が三種町のものだそうです。

大阪に住んでるときには師匠である文枝（元三枝）によく美味しいご飯を食べに連れていっていただきました。ホテルのレストランなんかは本当に高くて、師匠に「好きなもん食え～」と言われても遠慮してしまいます。ボーイさんに「一番安いのん何ですか」と聞いて「カレーライスでございます」。それでも二千円近くしたりします。「じゃあそれでお願いします」「カツカレーもございますが」「そんな高価なもんいらないです、普通の一番安いカレーでお願いします」なんて言ってると師匠が横から「恥ずかしいやないか～」てな甘酸っぱい青春の思い出もあります（笑）。そんな師匠に京都の料亭に連れていっていただいた時に食べたのが、高級料理のじゅんさい。そのじゅんさいも秋田産だったのかと思うと感無量です。

一度、秋田の大人気番組『ぷぁぷぁ金星』のロケで阿部農園さんでじゅんさい摘み取り体験をしてきました。小さな小舟は乗っただけで既に半分沈んでます。大阪の番組ならディレクターがカンペに「落ちろ！」とか出すんですが、秋田の番組は穏やかさが売りですのでそんなことはありません。のんびりまったり、延々とじゅんさいを取ってる映像は逆になかなか斬新だったと思います。

なんの事件も起こらず（起こせず）に1時間半ほどじゅんさいを取り、バケツをおばちゃんに見せると「あい～あんた新芽の部分を全部捨てただか～」とびっくりされてしまいました。そう、じゅんさいはヌルヌルッとした新芽の部分にゼラチン質がたっぷり含まれ、そこが一番美味しいとこであり貴重なとこなんです。それを知らないから全部捨ててた僕。関西に持って帰って一儲けしようともくろんでたのは水泡に帰しました。本来でしたら最初に名人のおばちゃんが取り方を教えてくれるのですが、番組だから説明なしに「とりあえず取ってみましょう！」となったのが生み出した悲劇でした。けどそれ以来じゅんさいを食べるときに「この新芽の部分が値打ちあるんだぁ～」と偉そうに講釈をたれるようになったのは言うまでもありません。

ⓡルート7（秋田全域）

秋田に来てからの僕の唯一の大きな買い物は車です。旧式の赤いワーゲンはなんともいえない愛くるしさで頬ずりをしたくなります。しかし少しだけ弱点があって、雨と雪と風と寒いのと暑いのとスピードとアネコムシ（カメムシ）に弱いということです。どこが少しやねん！　特に雨の日はちょいちょい止まりますし、雪の日は窓をあったためジュワーと溶かす最新（？）アイテムが搭載されてないため前も後ろも全く見えません。生まれて初めて勘で運転しましたよ。

以上の理由で年に数回しか快適なドライブを楽しめない僕ですが、やっぱり車は買ってよかったっす。秋田の美しい風景を眺めながらドライブすると心が癒されます。

その中でも僕が一番好きなのは国道7号線です。窓を全開にして潮風を感じながらキラキラ光る海を眺め走ってみてください。「俺ってマッチ」ってなりますから。古いか？農繁期になると道路を我が物顔でノロノロ走るトラクターに前を塞がれても、全くイライラしません。感心させられるのは交通マナーの良さです。ずっと秋田に住んでる皆さんは感じないかもしれませんが県外、特に大阪から来た僕から見たら素晴らしいです。譲り合いの精神も浸透してますし、交通ルールもきちんと守ってます。

歩行者も赤信号なんかピタっと止まってます。車も何も走ってなく、なんでこんなとこに信号あんねん、と思うようなとこでも直立不動で待つ姿はさすが東海林太郎さんの流れをひいてるのでしょう。大阪は信号のルールが違いますからね。青は進めで黄色はちゃっちゃと進めで赤は注意して進めですから。いつ止まるねん！　路上駐車も少ないですし、たまに運転して路上駐車があっても「危ないよ〜マナーを守れよ〜」と怒ってます。大阪は怒りかたが違います。「こんなとこに車停めやがって〜わし停めるとこない

秋田で購入した愛車

やないか～！」と日本一自己中心的です。

　そんな交通マナーの素晴らしい秋田で一日警察署長をさせて頂きました。

　というのは最近、高齢者の方の交通事故が増えてるそうです。それを防ぐためにはどうしたらいいかで、僕は二つのことを提案しました。一つは「知る」こと。どんな形でどんな状況で事故が起きてるかを知ることによって未然に防げる率が高くなると思います。これは犯罪でも一緒です。振り込め詐欺等がどんな手口があるか知ってるとひっかかりにくいと思います。そしてもう一つは「思いやり」です。

　横断歩道でおばぁちゃんが立ち止まってる。こっちは青信号だから大丈夫だろうと思わずに「ひょっとしたらおばぁちゃんは信号にも車にも気づかないかもしれないぞ、ゆっくり走って様子を見てあげよう」というちょっとした思いやりで事故が防げることはたく

一日署長を体験

さんあると思います。雪道で立ち往生してる車があれば、何にも言わなくても皆で押して助けてあげる優しい秋田の皆さん、もう一歩踏み込んで日本で一番交通事故の少ない県にしちゃいましょうよ〜！

そのために大切なのは石器時代の狩猟道具だと覚えといてくださいね。つまり重い槍（思いやり）なんです。チャンチャン。

㋾ 男鹿水上花火（男鹿市）

夏といえば花火でしょ！　線香花火にねずみ花火にへび花火（って地味やわ！）。秋田に来てからいろんな花火大会に参加させていただきました。能代の花火では「さんじゃく～ん」と声をかけられ、僕も人気者になったなぁと思ったらマスコットの人気でした(涙)。三尺玉をモチーフにしたマスコットキャラの『さんじゃくん』は3歳で喋れるんですが、なかなかシュールです。「今日は僕、600メートルも打ち上げられて爆発しちゃうんだぞ～」ってちょっと可哀想やん！「爆発した後はバラバラになって来年まで帰ってこれないよ～」って寂しすぎるやん！　と突っ込み所満載です。

雄物川の花火は屋形船から見せてもらい（花火の）打ち上げと同時に打ち上げ（飲み）が始まりました。岩城の花火は知り合いの別荘から見せてもらい、高台から見る花火は最高で、家を買うなら岩城にしよう、と決めたほどでした。日本一の花火大会は真っ直ぐ行っても大曲でした（笑)。

どれも素晴らしかった。短い秋田の夏だからこそ、刹那的な花火の美しさがより際立つのでしょう。

中でも個人的に大好きで三年連続寄せてもらったのは『男鹿水上花火大会』です。美しいロケーションと花火と音楽が見事に融合し、心に染み渡るのは詩の朗読全国大会で優勝したMCチャーリーホイさんの珠玉の言葉。同じ言葉を生業とする僕としては言葉にこんな力があることに感動すら覚えます。特にメッセージ花火は秀逸で、震災直後に奥さんが自衛隊の旦那さんに「無理しないでね」とメールを送ると「今、無理しないでいつ無理するんだ。自衛隊をなめるなよ」と返信が来た、などの感動的なエピソードにあわせて打ち上げられる世界で一つだけの花火。「今、あなたの隣に大切な人がいるのが当たり前のことだと思わないでください。」なんて言葉を聞きながら打ち上がる花火に涙が止まりません。どれくらいかは分かりませんが、決して予算は多いとは思えません。けどそれを様々なアイデアで補ってるところが素晴らしいんです。

花火大会の最中に男性のプロポーズを生中継し、女性のオッケーの言葉に打ちあがる祝福の花火。当人たちはもちろんのこと、見ている人全てが忘れられない思い出となります。

11年前に始まった時は小さな町の花火大会でお客さんも2～3千人だったそうです。それが今では県外からもたくさんの人が集まる秋田を代表する花火大会の一つになったのには理由があります。それはズバリ「ありがとう」の精神です。たくさん集まるボランティアスタッフを含む主催側は、見に来てくれたお客さんのみならず、ゴミを拾ってくれた人、ルールを守ってタバコを我慢してくれた人、全ての人に「ありがとう」の気持ちを持ち、それに対しまたお客さんも「ありがとう」で返す。会場全体が優しい空気で包まれてるんです。そりゃ「来年も来たい～」となるでしょう。

この大会から学ぶことはいっぱいです。一度、秋田に遊びに来てくれた人がまた来たいと思ってもらえるようには本当のおもてなしである「ありがとう」の精神を忘れないことが大切なんじゃないでしょうか。

わ わらび座（仙北市、秋田を代表する劇団）

我々落語家がお客さんに元気を与えるには、自分が元気に頑張ってる姿を見せることが一番大事なんです。そらそうですよね、「皆さん〜おおいに笑って元気になって帰ってくださいー」とか言ってる本人が思いつめた顔で出てきて、ヨレヨレで鼻血かなんか出して白目むいて倒れてたら、元気にならず陰気になっちゃいますから。

僕の先輩のS氏はすごく老けてます。年齢よりも20くらい上に見えるんですが、よく講演で「大きな声で笑うと健康になって若返りますよぉ」なんて言うそうです。するとお客さんが「笑いを仕事にしてるあんたは、なんでそんなに老けてんねん」と突っ込まれ、説得力ゼロだそうです。まず舞台に立つ人間が見本にならんとあかんのです。

たとえどんなに辛いことがあっても、風邪をひいてても、二日酔いでも（それは自己責任やね）友達に「今日は寿司を食わしたる」と家に招かれ、卵焼きにケチャプで「すし」と書かれたものを食べさせられても、いつも笑顔で「あの人はいつも元気で何も考えてないなぁ～」と思わせながら舞台に立つことが大事なんです。まぁ僕の場合、実際何にも考えてないことが多いですが（ダメじゃん）。「あの人見てたら小さいことで悩んでるのがあほらしなったわぁ」と思わせたらこっちのもんなんです。

そのお手本のように長年にわたり秋田を元気にしてきたのが『劇団わらび座』さんです。秋田にしっかり根付きながらも全国から引っ張りだこで、芝居の面白さと秋田の良さを伝えています。そのわらび座さんと恐れ多くも一度だけ共演させていただきました。その時のお芝居が江戸落語の名作『芝浜』をモチーフにしたものということで僕に白羽の矢が立ちゲストとして呼んでいただいたんです。ちなみに私、過去に芝居に出た時は二か月間毎日、演出家から怒やしつけられるという凄腕の役者なんです。演出家の方に「芝居は心の落とし所が大事なんや！」なんて抽象的すぎるダメ出しが全く理解できずに、それでもなんとか最後まで乗り切るという荒業の使い手なんです。

そんな僕ですから嬉しさと不安を半々に抱えながら当日を迎えたのですが、本番が始まると不安は全て吹き飛びました。一つの芝居の中に笑いあり涙あり考えさせられるところありで、特に秋田の女性の美しさ優しさ強さ可愛さ、そしてしょしがりな部分が全て詰まった素晴らしい芝居を情熱込めて元気一杯に演じる役者さん達を舞台袖から見てると、こちらにも元気と勇気がわいてきて不安がってる場合やないと思えました。お客様がどんどん芝居の中に引っ張られていくのが袖にいても手にとるように分かるんです。本当にいいものを見せてもらい「元気が人気」だと勉強させてもらいました。

とにかく元気になりたい人はわらび座さんの芝居を一度見てください！　えっ？　僕の芝居ですか？　それや、もう皆さんをグイグイ引っ張りましたよ。足をですが（汗）。

わらび座の会見に出席

か 竿燈祭り（秋田市、東北三大祭りの一つ）

秋田に住んで一か月くらい経った頃にTマネージャーから「三若さん、竿燈祭りに参加してください」と言われました。まだ見たことの無かった僕は気軽に「ええよ〜」と返事をしたのですが、そこからが大変です。

市役所の前で1か月くらい前から毎晩練習があります。幼少の頃から箒を持てば肩に乗せ、モップを持てばおでこに乗せ、鉛筆を持っても手のひらに立てるのが当たり前、長いものも見ればとにかく片手であげたくなり、電信柱をおでこに乗せようとして怒られたことがあるような強者達（そんな奴おらんわ！）、年をとって腰に電気を当てながらも竿燈を当ててる強者たちが毎晩必死で「練習や！　練習が一番大事や！」と頑張ってるんです。そして終わった後は居酒屋へ行って「練習や！　練習や！」といって延々乾杯の練習を繰り返します。とにかく練習大好き真面目な皆さんが頑張ってるのに初心者の僕がさぼるわけにはいきません。仕事が無い時は必ず、雨の日と遊びに行く日と二日酔いの日以外は参加しました（汗）。

　初めて竿燈を持った日はその重さ（50㌔）とバランスを取る難しさに驚愕です。少し風が吹くだけで倒れそうになる竿燈を走り回りながら必死で持つ僕の姿はかなり漫画チックだったと思います。一日練習しただけで全身筋肉痛になりましたが、何度か練習を重ね、いざ本番。練習と違いたくさんのギャラリー、提灯には火が灯ってます。「どっこいしょ〜どっこいしょ〜」の掛け声で一斉に上がる何百本もの竿燈は壮観です。まるで別世界に連れてこられたような美しさに感動しポケッーとなりました。

　けどいつまでも傍観者ではいられません。自分も上げねばならないんですから。「あ〜傍から見ておけば良かったなぁ〜落としたらどうしょう」とびびりまくる僕にリーダーが声をかけてくれました。「三若さん、竿燈を上げるのはハートですよ」「嘘やん〜経験と技術でしょ〜」と突っ込みながらも練習で一度も成功しなかった肩乗せにチャレンジ。やりました〜！　見事に両手を離すことに成功。自分では2分くらい肩に乗せてたような気がしたんですが、後でVTRを見たら2秒ほどでした（笑）。やってみてリーダーの言葉の意味が分かりました。「失敗したらどうしょう…」なんて弱気な気持ちが一番ダメなんです。強いハートを持ってチャレンジすることが大事。そして二回目、やりました〜肩から滑らせて竿燈を落とし全ての火を消してしまいました。半泣きの僕にリーダーは「チャレンジして失敗したからいいんですよ。それに落語家なんだから落ちがつきもんでしょう！」と笑顔で言ってくれました。ほんとに秋田の男は優しさと熱さを持ったオットコマエばっかりです。

その後、僕のチャレンジの時は、皆が赤ん坊が初めて立ち上がる時のように両手を広げて、いつ倒れても止めれるように周りを囲んでたのはいうまでもありません。一つ一つの町内にこういうちょっとしたドラマがあるのも竿燈の良さだと思います。竿燈（関東）は関西では味わえない祭りなんです。

よ 横手かまくら雪まつり（横手市）

横手といえば県外の人でも良く知ってるのが『横手やきそば』でしょう。最近のB級グルメブームに乗り一気に全国区の知名度を得ました。あちこちに並ぶ横手やきそばのお店はどれも美味しく、紅しょうがの代わりの福神漬けは病みつきになること間違いないでしょう。続いて十文字《じゅうもんじ》ラーメンも有名ですね。あっさり醬油味のシンプルなラーメンの美味しさは、とても十文字では語れません。そして県内でも有数の豪雪地帯でもあります。積もった雪の高さを見ると、一生解けないいんじゃないの？　と心配になるほどです。

とにかく雪は売るほどあります。誰も買わへんけど。その余りある雪を利用して行われる『横手かまくら雪まつり』は秋田の冬祭りでも代表的なものです。大きなかまくらが100以上、ミニかまくらは5000以上ずらっと並び、ミニかまくらに灯された蝋燭がなんともメルヘンチックでお伽の国に来たような気になります。お伽の国に行ったことはないけどね。ぜひカップルや夫婦で行ってほしいですね。ラブかまくらはハートの形をした入口で、ここでカップルが記念撮影をします。僕が行ったときにはカップルがラブかまくらの前で「あんたのカメラ、フラッシュたいてないから真っ暗で映ってないねん～」と大喧嘩してました。あのカップルに幸多かれと願います。

大きなかまくらの前にはちびっ子たちがどんぶく姿で立ち「寄ってたんせ～来てたんせ～」と迎えてくれます。中は広々としたスペースでストーブが置かれあったかい。そこでちびっ子たちは甘酒やお餅をふるまってくれます。前に神棚があって、そこにお金を置いていくとそれがちびっ子たちのお小遣いになるわけです。僕が行くとたくさんのちびっ子たちが集まってくれ「三若さん～飲んでたんせ、食べてたんせ～」ともてなしてくれました。人数が多いのでリーダーのような子に「お小遣いはいくらぐらい渡せばいいかな?」と聞くと大阪なら「一万円ちょうだい～」とか「財布ごと置いていけ～」とか、「あるだけ出せや！　ほんまにそれだけか?　おい、ジャンプしてみぃ～」などと（かつあげやん！）言いかねませんが、秋田の子供は学力No.1ですから全く違います。

「はい。志だけでけっこうでございます」…営業マンやないねんから！　子供にこのセリフはなかなか言えませんよ。そう言われると逆に出してあげようという気になります。「じゃあこれで」とポーンと一万円札を出しておきました。もちろん一言添えましたけどね「9千円お釣りちょうだい」と(汗)。

そしてあのかまくらは土日の祭りが終わると全てブルドーザーで潰してしまうらしいです。もったいないないな～置いておいたらホームレスが住み着くのになぁ～！　と思うのは関西人だけでしょうか？

た だまこ餅（五城目町）

五城目町といえば朝市とだまこ餅が有名ですね。朝市は何度も寄せていただきました。秋田の朝は最高に空気が綺麗で街中が澄み切っているので、散歩をすると心が洗われます。街中を歩いてると新しい発見がありいろんなことを感じますね。「こんなところにカフェがあるなぁ。空気が美味しいなぁ。つつじが綺麗だなぁ。秋田には雪が似合うなぁ。パンにはやっぱりネオソフトだなぁ〜」とか。

ですから朝からじっちゃんばっちゃんの笑顔が見れる朝市は大好きなんです。普段あまり見れない山菜やきのこ類、手作りがっこに新鮮なお魚を見ながら、ばっちゃんに「これなに？　これなに？」と聞くのが楽しいんです。説明をうけてもネイティブすぎる秋田弁が解読不能なことはしょっちゅうですが（汗）。一度、カップに入った白い杏仁豆腐のようなものにミカンが乗ってる可愛いスイーツ風のものを見つけ「これなに？」と聞くと「あさづけだ、食べてみれ」と言っていただき食べさせてもらいました。甘いお菓子のようなものを予想してたら絶妙なすっぱさ。落差のすごさに心臓が止まりそうになりました。一切れあったミカンの甘さが命を救ってくれました。皆さんもご注意を。「三若さん、これもってけ！」とおやき（五城目名物）をいただき、落語をしてからの打ち上げはだまこ鍋です。秋田ではきりたんぽが有名ですが、だまこのほうが歴史がありきりたんぽの原型になったといわれてます。きりたんぽを焼かずにおむすびのように丸めたもので、家庭では手軽なぶん重宝されたようですね。鶏がらスープがよく染み込んだアツアツのだまこを頬張ると仕事の疲れは吹っ飛びますよ。

シャキシャキのせりがまた美味しくてお酒が弾みます。お酒はもちろん福禄寿で。ここでは食料自給率100パーセントですね。僕も秋田に来てから初めて経験した「なべっこ遠足」というのがあるように、鍋はコミュニケーションをはかるのにかかせないもんで、鍋を囲むと初めて会った人も、あら不思議、もうすっかり10年来の友達になれちゃうんです。五城目の空気を味わいたい方はだまこ鍋を囲んでみてください。身も心もポッカポカになれますから。

あと五城目の森山にはぜひ登ってみてください。僕も落語会を主催してくれた荒要商店の荒川さんに案内されて森山をドライブしました。

「天気がいいと鳥海山、男鹿半島、白神山地が一望できますよ。」

「夕日が地平線に沈む時にはジューと肉が焼けた音が聞こえます（笑）」

と、五城目で育った荒川さんの五城目を語る顔の嬉しそうなこと。僕が「夜景も綺麗そうですね？」と聞くと、「ええ、3ドルの夜景です」と謙遜されてました。

夜景は3ドルでも、地元の良さを語れる男のかっこ良さは100万ドルに値します。僕が女なら確実に惚れてますね。皆さんも100万ドルの男を目指してくださいね！

五城目の町に希望の鐘が高らかに鳴り響いた気がしました。3ドルが結んでくれたこの町との縁（円）を大事にしたいです。

㋹ 冷菓（冷たいお菓子）

秋田の代表的なアイスに『ババヘラアイス』があります。このネーミングの強烈さは他に類をみないものです。県外から来て「ババヘラアイス食べるか？」と聞かれると確実に躊躇することでしょう。なんせ「ババ」と食べ物は絶対にくっついたらダメな言葉ですから。

もちろんこれはあのババのことではなく、おばちゃん（おばあちゃん）を表す言葉です。おばちゃんがヘラでアイスを盛ってくれるのでババヘラアイスになったのですが、これがおばちゃんがお玉でカレーを掬ってくれたら「ババタマカレー」になってたんじゃないかと思うとドキドキします。カレーにだけは死んでもくっつけてはいけません。子供の頃、給食で馬場君がカレーを食べるだけで大騒ぎでしたから（子供だから許してね）。けど、そんな強烈なネーミングがハンディにならずに逆にインパクトになり、秋田県民のハートをがっちり掴んで今では「祭りに行ったらババヘラアイス」が当然の儀式になってます。ババヘラアイスのおばちゃんは神出鬼没です。どこからともなく現れて、どこからともなく去っていく月光仮面のようです。縁日は当然のこと、子供の運動会には必ず姿を見せます。運動会の帰りにババヘラアイスを食べて帰った思い出が必ずあるはずです。おばちゃんたちはヘラでピンクと黄色のアイスを器用に重ねて薔薇を作ってくれます。ババがバラを作るというややこしい事態ですみません。この薔薇がポイントで、それはもう見事な職人技で美しい薔薇を作り上げます。あまりの美しさに「食べるのがもったいないなぁ、家に飾っておこう」というセリフを一度は口にしたと思います。溶けるけどね。

また彼女の28歳の誕生日に夜景の綺麗なレストランで「はい、28本のババヘラアイスだよ。僕と結婚してくれないか?」「わぁ〜綺麗、ありがとう、喜んで」とプロポーズに成功した人は、聞いたことありません。ババヘラアイス売りのおばちゃん達の七不思議の一つに、ここで運動会があるという情報はどこから仕入れるのでしょうか? というのがあります。誰が洩らしたわけでもないのに、おばちゃん達は必ず運動会の帰り道にいるそうです。おばちゃん達は一見アナログのように見えてＦＢＩばりにデジタル化された情報網を持ってるようです。そしてもう一つの七不思議は(二つしか無いけどね)国道にポツンと置き去りにされたおばちゃん達は、どこでトイレをしてるのか？　ということです。「トイレのあとは、まさかヘラで？　だからババヘラ～?·?·」なんて間違ってもおかしな想像はしないようにお願いします。

秋田の冷菓を代表する『ババヘラアイス』は永久に不滅でしょう。おばちゃんたちのニコニコ笑顔がほんとにあったかいアイスなんです（相反する言葉）。ちなみにババヘラアイスは進藤冷菓のものですが、屋台などでは「ババヘラアイス発祥の地のアイス」なんてのもありますので要注目です。さらにちなみに秋田には「生グソ」という嘘のような浮世離れしたネーミングのかき氷があることも併せて報告しておきます。(広栄堂の生グレープフルーツソフトクリームのかき氷の略ね)

㋞ 村内の遺跡（上小阿仁村）

秋田に来てからたくさんの小学校で落語をさせていただいてます。会場はほとんど体育館ですから夏はびっくりするくらい暑い中でより暑苦しくなるような落語を、冬は凍えるほど寒い中で凍ってツルツル滑るような落語をするよう心がけてます（せめて逆にしたげて！）。たまに小学校の統廃合で『さよなら○○小学校記念落語会』なんてあると、笑かしていいのかどうかおセンチな気分になります（笑かしていいはず）。そう、子供が減ってるんです。秋田県は少子化率全国1位ですから。

それは婚姻率が最下位だからです。結婚しないから子供が増えないのは自然の流れです。逆に結婚はしないけど子供は増えてるでは少し怖いですからね。

少ない子供達ですが素晴らしいのは全国学力No.1をキープしてること。落語をしてると「賢いなぁ～」というのが本当によく分かるんです。落語は頭の中で創造して笑うものですから、大いに笑ってくれてる秋田の子供達を見てると創造力の豊かさを感じられます。感想文なんかでも小学校1年生が「落語というのは頭の中で創造して、それを絵に描いて笑いに変えるというのがよく分かりました」なんて、天才ちゃうのん！　と度肝を抜かれるようなのが送られてきます。

他県の小学1年生が「らくごは動物園で見たのと違って背中にコブが無かった」と送ってきたのとレベルが違いすぎます。まぁそれはそれで面白いけど。

秋田の子供達の創造力が豊かな要因を自分なりに少し調べると、小さい時に昔話などを聞かしてもらいながら寝てた子が多いこと。これは創造力を養うには最高です。

目をつぶって頭の中でイメージすることを覚えれるんですね。創造力は全ての源です。将来はこんな仕事がしたい、なんていうのも全て創造から始まるわけですから。

秋田の賢い子供達が将来の秋田をこうしたいなんて創造してくれる、すごく明るい未来が待ってるような気がしませんか！　そして他県の先生方が秋田の教育を視察に来るように、「秋田で育った子は賢いから、子供は秋田で育てようよ！」なんてなると素晴らしいなぁと思います。その為にもお父さんお母さんはダイヤの原石である子供達の創造力がより豊かになるようにしてあげてくださいね。あっ、ちなみに落語は創造力の教科書と言われてるので、落語を見るといいそうですよ~ちなみにですが（笑）。

上小阿仁村でも例外なく子供は減ってます。しかし僕が訪ねた上小阿仁村はとても明るく芸術に香りが漂ってました。廃校になった学校を利用しての『KAMIKOANIプロジェクト』は潰れた小学校の寂しさを感じさせませんでした。街中に作られた芸術作品も子供の創造力を掻き立ててくれそうです。村内に遺跡が残る町は、高速道路も電車も走ってません。その不便さが、逆に奇跡的に文化を残してきたのかもしれません。この村で育った子が我々落語家と同じく、センス（扇子）を大切にするアーティスティックな大人になるのは間違いないでしょう。

❼つ 土田牧場（にかほ市）

にかほ市といえば秋田の湘南と呼ばれるほど気候も良く、見所いっぱいの魅力溢れる町です。獅子ヶ鼻湿原ではブナの原生林に包まれ、樹齢３００年あがりこ大王の圧倒的存在感に生命力の素晴らしさを感じ、鳥海山に染み込んだ水が80年かけ湧き出す元滝伏流水では自然の神秘を感じ、黄金に輝く稲穂の上に浮かぶ象潟九十九島は、松尾芭蕉も憾《うら》むほどの美しさにいつまでも見とれてしまいます。

その九十九島が一望できる道の駅ねむの丘は温泉も最高です。水平線に沈む夕陽を眺めてると、少しおセンチになり「幼稚園の頃好きだったさっちゃんも同じ夕陽を見てるのかなぁ～いつも目が半開きで白目がちなつぶらな瞳のきりっとした子だったなぁ～(どんな子?)」なんて思い耽ってしまいます。そして土田牧場でジャージーミルクを飲めば完璧ですね。

僕は子供の頃、牛乳が大嫌いでした。学校の給食に必ず牛乳が出るのが納得できずに、頑なに飲むのを拒否してました。厳しい先生の時は飲むまで回収してもらえず、5時間目が始まっても机の上に地蔵盆のように牛乳が添えられてましたね。だいたい昔からあるのに乳（NEW）製品ゆうのが気に入りませんでした。母親にもよく怒られました。一つ上の姉と喧嘩をすると必ず僕に「あんたはなぁカルシウム不足やぁ〜あんたが怒ってばっかりおんのは牛乳を飲まへんからや〜牛乳を飲め〜」と激しく怒鳴りつけられました。幼心ながら「おかんも飲めよ〜」と思ったもんです。そして背の伸びない僕のことを心配して、母親は小学校高学年になってから牛乳を一杯飲めば25円のお小遣いをくれるという凄いルールを作ったのです。25円というとせこい気もしますが、当時は大卒サラリーマンの初任給が50円くらいでしたので（いつの時代ですか？）子供にしたらとても嬉しかったんです。最初はお小遣いのために泣く泣く飲んでましたが、慣れてくると美味しく感じるようになり、今では毎朝飲むほど大好きなんです。

ですから土田牧場さんに遊びに行かせていただいた時は嬉しくてしかたありませんでした。ウッドデッキから高原の雄大なロケーションを眺めながら飲むジャージーミルクの美味しかったこと、濃厚な味に「本物だー」と叫び大自然の恵みに感謝しました。ほのぼのした雰囲気におセンチになり「小学校1年の時に好きだったみっちゃんはどうしてるのかな〜いつも口が半開きで牛乳を垂れ流してる清楚な子だったなぁ〜（どんな子や？）」なんて思い耽ってしまいます。

本物の牛乳が飲みたい人はぜひ土田牧場へ行ってみてください。ジャージーソフトもお薦めです。あっ、ちなみに子供の頃を思い出してジャージで行く必要は別にありませんので。

土田牧場にて

㋧ ねぶり流し館（秋田市民俗芸能伝承館）

僕が秋田に住ませていただくようになったのは、吉本興業の『あなたの街に住みますプロジェクト』という企画が発端です。47都道府県全てに芸人を派遣して、その土地土地を少しでも笑いで元気にしようというものです。

その47都道府県の全ての芸人が大阪に集まり、どこの県が一番盛り上がったか、一番頑張ったかという表彰式が2012年の3月に行われ、我らが秋田県が№.1グランプリの『日本元気大賞2012』という賞を頂いたんです。この賞を頂いて秋田に帰ってきたときは本当に皆さんと喜びを分かち合いました。賞金は分かち合いませんでしたが（いやらしいな！）皆さんに「三若さん、秋田のために頑張ってくれてありがとうございます」と口ぐちにありがたいことを言っていただきましたが、僕の力なんか全く関係ないんです。

この賞をいただけたのはひとえに秋田の皆さんの『おもてなしの心』のおかげだと思

います。「せっかく秋田に噺家が住んでるんだから呼んであげようよ！」という優しさからあっちゃこっちゃに呼んでいただき、落語をする場を作ってくれ、その積み重ねを審査員の方が評価してくれ、受賞に繋がったんです。しかし、呼ばれて披露するだけでなく自分から発表の場を作り、磨き抜かれた（？）話芸を披露するのも大事です。昔、師匠に教えていただいたことがあります。それは落語家には二種類の仕事がある、ということです。

皆さんなんやと思います？　正解は「仕掛ける仕事」と「こなす仕事」です。こなすというと言葉の印象は悪くなるかもしれませんが、今までの経験やスキルを生かして行う仕事は大切です。会社員でも毎日毎日チャレンジばかりだと大変です。経験が増えていくごとに、こなす仕事も増えていくことは素晴らしいことなわけです。けどそれ以上に大切なのが自分から仕掛ける仕事なんです。その中心になるのが独演会。その独演会を『桂三若秋田情熱ひとり会』と銘打ち、秋田市で11回も定期的に行わせてくれたのが『ねぶり流し館』さんです。こちらの1階には秋田の祭りの展示がされており、竿燈の実演があったり、県外からお客様が来た時には超お勧めのスポットです。僕の師匠（文枝）も非常に喜んでくれ、幼若（子ども用のミニサイズの竿燈）を上げて満面の笑みを浮かべてくれました。

しかし5階に能舞台があるのは意外に知られてないと思います。非常に美しい舞台で落語をするにはちょうどいいキャパでやりやすいんです。ここでの独演会はまだまだ続けていきますよ。賞に傲《おご》ることなく謙虚に、皆様からうけた『おもてなしの心』への感謝を忘れずに芸道に精進してまいりますので、一度ねぶり流し館にも遊びに来てくださいませ。ペロペロねぶったりはしませんので…。

㊤なまはげ（男鹿半島）

大阪に帰って仲間と飲むときに必ずやるのが「秋田といえば〜？」ゲーム。これは秋田お笑い大使として少しでも秋田を知ってもらうためです。まぁ必ず勝てるというのもありますけど（笑）。そこで知るのは残念ながら秋田の知名度の低さ。「秋田って一年中雪が降ってるんやんな〜？」はまだしも、「秋田ってなに県やったっけ？」なんてトンデモ発言もしばしば(アホすぎる？)。県外の方に秋田と言えば何を思い浮かべますか？と聞くと、きりたんぽや秋田犬、稲庭うどん、ジェイマルエー（マニアック？）などが出てくると思います。ちなみに秋田で「ナイスですね〜」といえば長嶋監督の真似ではなく、スーパーのことですので。さらにちなみにドジャースといえば野茂でも石井でも黒田でもなくスーパーのことですんであしからず。

そんな秋田の中でもダントツに知名度があるのは『なまはげ』です（若ペディア調べ1位)。もちろん『なまはげ』の存在と雰囲気程度しか知らない人が多く、「生はげ」と勘違いしてる人もいるようで、県外から来た人は秋田空港で頭が金色に輝く稲穂のようにピカピカのおっちゃんを見つけて「あれが生はげか～」と記念写真を撮ろうとする人もいます。いや、そんな奴はおらんわな。僕が説明してあげようと思うのですが、意外に何も知らない自分に気付き、「これではいかん！」と勉強の為に男鹿の『なまはげ館』に行ってきました。

入場すると、ズラーっと並んだなまはげの迫力に度肝を抜かれます。ワンちゃんでも101匹もおれば子供は泣くと思うのに、110体もなまはげがおったら涙止まりませんよ～（笑）。そして、なまはげの名前の由来や歴史をしっかりと学んできました。ここでは割愛しますが（汗）。隣の伝承館では実際になまはげが登場し、大晦日に行われる家庭でのやりとりを再現してくれます。なまはげは子供たちのことをよく調べて「宿題しねぇと聞いてるどぉ」と怒鳴りますが、その後優しい言葉をかけます。

このツンデレ感に女性は絶対惚れますよ。世の男どもは優しいだけじゃなく、時には厳しさも大事だということをなまはげから学んでくださいね。一番印象に残ってるのは

「三若さん、なまはげというのは、泣く子はいねが～勉強しねぇ子はいねが～と子供を戒めるのも大事なんですが、それに対して父親が、この子はしっかり勉強してます、と守ってあげることで、あんな怖いなまはげから守ってくれた父親を子供が尊敬するようになる。それが一番大事なんです」。なるほど～奥が深いですね。やはり秋田をアピールする為には秋田のことをもっともっと深く知ることが大事だと思いました。

皆さんもまだまだ隠れた秋田の魅力をもっと探求して、これからドンドン全国に発信していきましょ～。「なまはげ直売所」になまはげは売ってないことも、きょうびのなまはげはエクセルが使いこなせないとダメなことも知っておきましょうね

ⓡライオンもいるよ、大森山動物園

かなり苦しい『ら』です(汗)。秋田に来て「遊園地はありますか?」と聞いたら「遊園地はねぇなぁ~お化け屋敷ならあるけど、男鹿プリン○ホテルちゅうてなぁ」と言われました。残念ながら閉鎖になったホテル跡です。そんな天然のお化け屋敷、怖すぎるわ!けど動物園はあるということで『大森山動物園』には何度も行かせてもらいました。

昔から動物は大好きで、子供の頃は犬を飼ってました。ポチという雑種でしたが、男らしい犬で死ぬまで犬小屋には入りませんでした(ただのアホ?)。気位の高い犬で、僕の家が小学校の通学路なんですが、帰り道のちびっ子に給食の残りのコッペパンを投げつけられ、尻尾を振ってバクバク食べてました(プライドゼロ?)。忠実な犬で僕がオヤジと喧嘩をして家を飛び出し、友達の家の前で隠れてたら、ポチを連れたオヤジに見つけられました(裏切り者~!)。そんな可愛いポチの影響もあって動物園は大好きで一日中見てても飽きないいんです。

動物園に行くと必ず動物たちに喋りかけます。「鶴さん、毎日単調（丹頂）な生活で嫌気がさしませんか？」「レッサーパンダさん、毎日お客さんから、立て〜立て〜と明日のジョーみたいに言われて可哀相に、夜は嫁さんに同じことを言われてるんじゃないですか？」とか「ピューマのピュー太君とピュー子さん、もうちょっと名前を考えて欲しくなかったですか？」とか。危ない奴だと思わないでくださいね。落語でも自分で『動物悩み相談所』というのを創りましたね。司会の歯科医である奈良の鹿が、キャンギャルのカンガルーと一緒に色んな動物の悩みを聞きます。虎の虎太郎は阪神タイガースが弱いからといじめられ、働き者のなまけものは偏見で仕事を斡旋してもらえず。アライグマはどこに行っても洗濯係にされ職業の選択ができない、とか馬鹿馬鹿しすぎる噺です。よかったらまたどこかで聞いてください（笑）。

大森山動物園の動物たちを見てると心が癒されます。可愛いペンギン、可愛いうさぎ、可愛い遊園地のアニパ！　色々と勉強にもなります。チンパンジーは握力が200キロもある怪力だって知ってました？　けど知能は3歳児なみなんです。3歳の子供に「可愛いなぁ〜」って頭を撫でたら「何すんねん！」と頭を握りつぶされると想像したら怖いですよ。

大森山動物園ではたくさんのイベントがあり、中でもお薦めなのが『雪の動物園』です。真っ白に染められた園内はもう別世界、ピンクのフラミンゴが良く映えます。トナカイのお散歩は異国に来たようなメルヘンの世界を感じさせてくれます。シンリンオオカミの力強さは寒い冬を乗り越えるパワーを与えてくれます。冬になると恋をするレッサーパンダの優しい鳴き声は心を暖めてくれます。

園長さんは「幸せ時間」を感じてもらい「元気のでる動物園」を目指すと仰ってました。ぜひ皆さん、少し人生に疲れてるときは大森山動物園へ足を運んでください。ほんとに動物たちの元気な姿

桂三若 in ヒトの檻

に幸せを感じ、元気をたくさんもらえますから。ただ『ヒト』って看板のついた檻の中に入り、外から記念撮影する時は気を付けてね。色んな人に撮影されて恥ずかしいですから（汗）。

㋰ 昔からの大綱引き（大仙市）

大仙市といえばなんといっても大曲の花火です。規模もレベルも間違いなく日本一といっていいでしょう。僕も三年連続参加させていただきましたが、スケールの大きさと花火の美しさ、トイレ使用料300円とか書いてるのに衝撃をうけ、払うなら元取らな損やなぁと思いましたね。ん～どうやって？（笑）。一度はエフエム秋田さんの番組で生中継をさせていただいたんですが、花火の中継は難しいよ～なんせ上がった瞬間に「今のはピンクとブルーに割れてキティちゃんになりましたね」とか説明してる頃には次の花火が上がってるんですから。まぁラジオを聞いてた方には僕の「わぁ～」とか「すげぇ～」とか絶叫音しか聞こえなかったと思います。それじゃあダメじゃん。

夏場には花火一色になる大仙市ですが、冬場に盛り上がるのが、500年の伝統を誇る刈和野の大綱引きです。この大綱引きには毎年、秋田の大スター柳葉敏郎さんが参加されるということで遊びに行ってきました。柳葉さんとは以前にゴルフの番組で共演させていただきましたが、子供の頃からテレビで見ていた大スターの柳葉さんは僕のしょうもないギャグにも大口を開けて笑ってくれ、秋田弁全快で「秋田の雪はすげぇど〜雪かきで一日が終わるど」と気さくに話しかけてくれる優しい方。この日は番組の企画で英語を使うとワンペナ（一打罰）になるんですが、柳葉さんは何度言っても人が上手に打つと「ナイスショットー」と連発します。僕が「だめですよ」と言うと「あっ！　オッケーオッケー」細かいことは気にしませんので20打罰くらいになったと思います（笑）。ゴルフでは子供のようにムキになり、豪快に笑い豪快に遊ぶ。なんとも器の大きさを感じました。

刈和野の大綱引きは見学のつもりでウロウロしてると、「いいから、まず引け〜」と誘われ「ジョヤーサノー」の掛け声で必死で引っ張り汗だくになりました。ちびっ子からじっちゃんばっちゃんまでが楽しそうに綱を引く姿はこのお祭りが地域の人たちにどれだけ愛されてるかが分かります。これからも暗い夜道のように電燈（伝統）を大切にしてほしいもんです。

終わったあと柳葉敏郎さんに挨拶をすると「負けた〜悔しい〜！　おめ、どっち引っ張ったぁ？」と聞かれ「(柳葉さんの）下町です」と答えると「うぉ〜」と激しく抱擁を交わしてくれました。なんとも熱い祭りに身も心もポッカポカになりました。ちなみに『西仙北ぬく森温泉ユメリア』さんに行くと柳葉さんの展示室があり、いきなり柳葉さんの等身大パネルがお出迎えしてくれます。「僕のことを覚えてくれてますか？」と聞くと「もちろん。いつも秋田を盛り上げてくれてありがとう。今度映画で共演しよう！」と言ってくれたような気がしました（夢見てる？）。

ギバちゃんの部屋には昔懐かしい欽ちゃんの良い子時代や一世風靡セピア時代の写真がズラリと並んでます。ノスタルジックな気分で「ソイヤーソイヤー」と叫びながら、ギバちゃんも大好きな温泉へドボンと浸かるのもおつなもんです。

刈和野の大綱引き

う 羽後町

羽後町は『緑と踊りと雪の町』と言われてます。四季によって顔を変える大自然は、それだけで見応えがあり、町に点在する茅葺き屋根の民家は文字通り「変わらない（瓦無い）良さ」に溢れてます。この茅葺屋根の民家は農家民宿になってるとこもあります。僕もちびっこたちと餅つき体験をしました。その後に少しだけ落語を見てもらったんですが、大自然の中で育った子はのびのびしてますね。終わってから一人の子が「僕も三若師匠のような落語家になりたいです」と言ってくれました。「そうなんやぁ」と言うと「はい、頑張って勉強して落語家になります」…あんまり勉強したら落語家にはなれへんと思うけど。「頑張って勉強して、医者か弁護士か公務員になれなかったら落語家になりたいです」ってどんだけ滑り止めやねん。「三若師匠が弟子にしてくれないなら、文枝の弟子になりたいです」…ってなんで師匠は呼び捨てやねん！　と突っ込み所満載でしたが可愛かったです。

農家民宿では美しい自然や田舎暮らしから学べるものを連帯して維持していく取り組みが行われてます。そしてなんといっても日本三大盆踊りの『西馬音内盆踊り』。この盆踊りはとにかく男性に見ていただきたい。なにがいいって女性が美しいんです。秋田美人とよくいわれますが、これは外見だけじゃなく中身から溢れる魅力も含めて全てが美人なんだと思います。かがり火に照らされ踊る女性達は姿勢がよく、スタイルがよく、着物姿が艶やかで、つま先から指先まで流れるように一糸乱れず踊る姿の美しさ。夢の中にいるようにうっとりと見惚れてしまいます。また編み笠を深〜く被り顔が見れないのが、秋田の女性らしく、しょしがり（恥ずかしがり）で奥ゆかしさを感じさせます。けど我々男性は下世話なもんで、美しい女性がいるとどうしても顔を見たくなるんですよ。街中なんかを歩いてても後姿が美しいと、自然と（いや意図的に）早足になって追い抜いては、わざとらしく「あれ？　ここどこやろ？」的な意味不明の演技をしながら振り返り顔を見る、こんな経験は誰でもあるはず。顔を見るとロン毛の兄ちゃんやったという経験も誰しもあるはずです。そんなにないか？

ですから西馬音内でも「わぁ〜あの人、スタイルええし踊りはうまいし、綺麗やなぁ〜ちょっと編み笠取って顔を見せて〜顔が見たい〜」と叫びたくなります。そして23時になるとエンディングです。太鼓に三味線がどんどん盛り上がり大きな拍手で包まれ、踊り手さんたちが「お疲れ様でした〜」と編み笠を取ると今度は「やっぱり被っといて〜」と叫びたくなります（冗談ですよ）。

西馬音内やのに顔は大曲やった、なんて冗談でも言わないようにね。誰も言わんか。

ゐ 稲庭うどん（湯沢市）

湯沢といえば川端康成の小説『雪国』の舞台である新潟県の湯沢町を思い出す人が多いでしょうが、秋田の湯沢も負けてませんよぉ、「トンネルを抜けるとそこは雪国だった」なんてぬるくないです「トンネルを抜けてもそこは雪しかなかった」レベルですから（笑）。温泉もたくさんあります。泥湯温泉は大自然に囲まれ、水車がまわる雰囲気ある街並みは都会の喧騒を忘れさせてくれます。秋の宮温泉郷の『秋の宮山荘』さんでは何度も落語をさせていただき、あったかいお客さんとあったかい温泉でリフレッシュさせてもらえました。小安峡はこの日本国のように景観（警官）が素晴らしく、大噴湯ではたけし軍団のように大奮闘してきました（98度あるから浴びたらあかんよ！）。

８００年の伝統を誇る川連漆器は、職人さんが一つ一つを大事に作っていく手作業に感心させられます。そして伝統を守るだけでなく、新しい風を吹き込むために様々な挑戦を続けてるところは、我々落語家に通じるものがあり勉強になりました。漆器のあまりの美しさに「使うのもったいなくなりますね〜」と言いますと、職人さんは「それが一番寂しいんです、器ですから飾っておくだけではなくどんどん使ってください。使うほどツヤも出ますし、適度な湿気で長持ちしますから」と仰ってました。なるほど〜こちらも落語家に似てます。人に使ってもらえばもらうほどツヤが出て味わいのある芸になっていくんです。僕がいくら美しいからといって飾っておくのはやめてくださいね、って誰も飾らないよね。

川原毛地獄にはまだ入れてませんし興味のつきない湯沢ですが、なんといっても日本三大うどんの「稲庭うどん」でしょう。ちなみに日本三大うどんは讃岐うどんと稲庭うどんが不動のセンターでAKBでいえばあっちゃんと大島優子みたいなもんです。どっちも卒業したけど。もう一つが色々言われてますが、だいたいは群馬の水沢うどんで統一されてます。申し訳ないですが、不動のセンターに較べて研究生くらいの知名度ですよ。頑張れ水沢うどん〜！　余談ですけどAKBってどんどん増えてますね、どこまで増えるんですか？　どんどん人口が減ってる秋田への嫌味ですか？　このままほっておいたら、そのうち秋田の人口を超えちゃいますよ。全くの余談ですが（汗）。

関西人の僕は「飲み会をきつねうどんが締め括る」という近所のおっちゃんが作った川柳があるように、飲んだ後には昆布だしの熱いうどんで締めるのが常でしたが、秋田に来てから冷たい稲庭うどんで締めるのが大好きになりました。まず見た目の美しさ、宝石のようにピカピカと輝き首に巻きつけたくなります（そこまではならんか?）。そしてしっかりしたコシがあり、絶品ののど越し。また総体的に上品な量がいいんですよねぇ。

だいたい締めに稲庭うどんが出てくるのは高級ホテルや高級料亭が多いんです。だから僕は仕事でお呼ばれしたときしか味わえないんです。秋田の皆さん、もっと僕に締めの稲庭うどんを食べさせてくださいね～。あっ、これは仕事をくださいという意味じゃないですよ、稲庭うどんが食べたいという意味です。いや逆か（笑）。

❾ノーザンハピネッツ

意外と知られてないかもしれませんが秋田の冬は雪が降ります（知ってる？）。それもドカンと来ることが多いです。「やった〜雪が解けてきた〜」と叫び終わる頃にはもうすでに積もってるという無限ループ。春になって「雪がぁ解けて川になって流れていきます〜」とキャンディーズをご機嫌で歌った翌日には、「雪が降る〜あなたは来ない〜」と陰気に歌う日々の繰り返し。市内の雪道のように心もでこぼこになっちゃいます。

神戸に住んでた頃は雪が降ると嬉しくて庭を駆け回ってました（犬か！）。うっすらと積もった雪を必死で集めて作られた雪だるまがあっちゃこっちゃにあったもんです。真っ茶っ茶でほとんど泥だるまでしたけど（汗）。秋田ではあまり雪だるまを見かけません。そりゃ雪が降っても「わーい」とはならんよね。

まぁ犬のように庭を駆け回れとは言いませんけど、猫のようにこたつで丸くなってるだけでは寂しいっす。真冬でも熱くなれる場所が秋田にはたくさんあります。その一つは秋田が誇るバスケットボールチーム、秋田ノーザンハピネッツでしょう。僕はバスケットのルールもあまり知りません。確かみんなが円になって座り「赤い服の人ー」とか叫んで、それに該当する人は立って席を探すとかそんなんでしたよね？　えっ〜とそれはフルーツバスケットやね！　一度それでプールの日に家から海水パンツを履いてきて着替えのパンツを忘れノーパンで過ごしてたんですが「パンツを履いてない人ー」と叫ばれ赤っ恥をかいたことがあります。それ以来なんとなくバスケットは敬遠してました（関係ないじゃん！）。だから「トラベリングってどこに旅するの？」「ブースターで何焼くの？」（ファンのことです）「フリースロー」は意外に規則が多くて自由さが無いなぁ、とかそんな感じでした。

しかし実際に見ると生の迫力に感動します。華麗なテクニック、攻守が瞬間に入れ替わるスピード感、そしてヘッドコーチの叫び声まで聞こえてくる臨場感。知らず知らずのうちに試合に引き込まれ一瞬たりとも目が離せません。何よりも素晴らしいのはピンク一色に染めたブースターの盛り上がりです。

県外では「クレイジーピンク」と呼ばれるほど熱烈で、外の雪が全て解けてしまうんじゃないかと思うくらいに熱い熱い応援、ハピネッツの選手がシュートを決めた時の一体感なんかは同じ空間で応援させてもらってることを誇りに思えるほどです。大人から子供までが熱くなれるハピネッツの試合を一度生で見てください。きっと秋田愛がさらに深まり大雪さえ大好きになっちゃいますから。

あっ、僕が初めて試合を見に行った時にMCのチャーリーホイさんが「今日は秋田お笑い大使の桂三若さんが観に来てくれてます」と紹介してくれたのは嬉しかったです。ところが二回目に行った時チャーリーさんが「(背番号)サンジューキュー番です」と言ったのを「三若さんです〜」と紹介されたと勘違いし、立ち上がって愛想を振りまいたけど誰も見てなかったのは、恥ずかしいので内緒にしておいてね(笑)。

お 大潟富士（大潟村）

秋田に行ってから25市町村全てで落語をさせていただきました。その市町村によって様々な特色があるのですが、ある村ではやたら背の大きな人が多いので、聞いてみると「ええ、大潟（大型）村ですから」と言ってました（笑）。

25市町村全てを回ってよく聞かされるのが「若者が町に帰ってこない」ということです。仙台や東京などに仕事を求めて行った若者はそのまま住み着きます。これは当然、秋田だけの問題ではないのですが、秋田が特に顕著で、あるテレビ番組では「消滅する都道府県」の第1位に秋田が選ばれてしまってました。僕はそれを見ながら「誰が消滅させるか！　俺一人でも住み着いてやる」と思いましたが。この大潟村で落語会をした時も主催者の方が人口減少を嘆いておられたので、僕が「雇用はあるんですか？」と聞くと、案に反して「あります！」と力強いお言葉。「雇用があるんでしたらなんとかなるでしょう」と僕が言うと「秋口だけですけどね」とのこと。「秋だけ？　秋に何か大きなイベントでもあるんですか?」「いや、イベントは特にないですけど、あっちゃこっちゃにあります」と全く理解不可能な会話が繰り広げられ、「???何の話ですか???」と聞くと「紅葉ですよね」。ガーン! 主催者さんはずっと紅葉の話をしてたんです。それゃ話が噛み合わんわぁ。

落語会の中では三人の若者と対談をさせていただきました。三人とも大学は他県に行ったのですが、大潟村が大好きで地元で働くために帰ってきたのです。1964年にたった14人からスタートした日本最大の干拓地、歴史は浅くても郷土愛は負けてません。一面に広がる田園風景も、温泉から眺める地平線に沈む夕陽も、春になると咲き誇る桜も、標高ゼロメートルの大潟富士も(笑)全てが地元の方にとって宝物なんです。三人とも口を揃え「大好きな大潟村で日本一美味しいお米を作って皆さんに喜んでもらいたい」と言ってました。力強い言葉に胸が熱くなります。

どこの地方でも「若者が地元に帰りたくても仕事がない」というジレンマは少しずつしか解消できないでしょうが、地元を愛する心を持った若者を育てることは家族や町全体の力で育《はぐく》めます。そうすると今は無理でもいつかは地元に帰ってくる若者たちが増えるはずです。

大潟村の三人からそれを学んだ気がします。後は三人とも独身なんで嫁さんをもらえればバッチリですね。おおらかで小さなことは気にしない優しい男たちですからきっと大丈夫！　なんせ大潟（O型）村の若者ですもん。

く 苦しい大雪

秋田に来てから一生分の雪を見ましたね。毎年「今年の雪は異常だぁ」と聞きますが、これは「今年の風邪はしつこいぞ〜」と同じくらい秋田では定型文になってしまってます。「まぁ今年はアネコムシが多かったからしかだねっすなぁ」という凄まじいセリフもちょいちょい聞きます。「かまきりの巣の位置が高かったから」って知らんがなぁ。

びっくりしたのは秋田では正面から雪が降ってくるというか、ぶち当たってくることです。歩いてても顔面に冬用ワイパーをつけたいくらいです。「なんで〜？　雪って上から降ってくるんちゃうの〜」と叫んでると、あるオッチャンが「秋田は海側に大きな扇風機があって、それが雪を正面から降らしてるんです」ってなるほど…いやあれは風力発電やがな！

雪には少しずつ慣れましたが雪道の運転はなかなか慣れませんね。ツルツル滑って何度も「わしゃ浅田真央か〜！」と一人突っ込みしました。

一度、湯沢から秋田に次の仕事のため急いで帰らねばならなかったのにスペシャルブリザードで前も後ろも何も見えない状態、「わしゃ座頭市か！」と突っ込みながら、勘で車を走らせるが高速は通行止め。慌てて電車に乗り換えようと駅に行くと駅員さんが「(電車は) 今、止まりました」と、まるでおじいちゃんの脈のように粛々と言われてしまいました。なもかもね～ (叫) けど僕は負けませんよ！

よく秋田の皆さんはネガティブに物事を考えがちだと聞きます。どうしても人口減少率№1や高齢化率№1と聞くと「後ろ向き」に考えてしまうんですよね。秋田新幹線こまちに乗っても、秋田駅からいきなり「後ろ向き」にスタートしますもんね (関係ない？)。けど初めて乗った時はびっくりしました。いきなり後ろ向きに進んで「どこ行くの～？？」ってなりましたもん。なんか後ろに行くと違う所へ連れて行かれるような気がして。でも10分も乗れば慣れます。「このまま東京まで後ろ向きで行くんだ」と思ってると、大曲でスイッチバックして、今度は前向きに「秋田に戻るの～」ってなりましたよ。まぁ新幹線の後ろ向きは置いておいて、秋田の皆さんには「前向き」をスローガンにしてほしいです。

僕自身も秋田の冬を「前向き」に楽しむため、ウィンタースポーツに果敢に挑戦させていただきました。まずは雪かき（スポーツか？）雪合戦（遊び？）そしてスノーボード。ABSラジオ『高田由香の好き！スキ！SKI！なう』という番組ではあちこちのゲレンデへ行かせていただきましたが、オーパス、協和、ジュネス、矢島、田沢湖、美郷、どれも最高でもう他所では滑れません。踏みしめるとサクサクッと心地良い音のする新雪、パノラマに広がる雄大な白銀の世界、その向こうには広がる絶景真っ白なキャンパスに美しいシュプールを描いてきました（スタッフには子供の落書きですねと言われましたが

スキー場で高田由香さんと

…）。雪が多いと嘆くのではなく、雪のおかげでこんな素晴らしい世界が味わえる。これが僕の「前向き」です。これからも皆さん、前を向いてアグレッシブに行きましょう〜！　あっ…ゲレンデで何度も「後ろ向き」にひっくり返ってたことは内緒ね（汗）。

㋳ ヤートセ秋田（秋田市）

よく「健康」について講演してほしいと言われます。僕の場合は専門家じゃないので医学的なことは分かりませんが、自分の経験や周りの人を見て感じたことを話させてもらうようにしてます。まずは大きな声を出して笑うこと。大きな声を出して笑うと体の中の嫌なものが全部出ていき、いつまでも元気でいれると、わりと早死にしたおじいちゃんがいつも言ってました（ダメじゃん！）。

そして人の集まる場所に顔を出すこと。寝巻で家の中でぼっ〜としてたらどんどん老け込んでいきます。なるべくたくさんの人と接して色んな人からパワーをもらってください。そしてなんでもいいので「生き甲斐」を見つけること。これはインドアでもアウトドアでもかまいません。秋田ならではの楽しめるものはたくさんあります。夏の海遊び、冬の山遊び、温泉めぐりにゴルフにゲートボール。とにかく仕事以外にも楽しいことをたくさん見つけ、ストレスを発散させることが大事です。ストレスがたまると体の中の弱い部分が痛くなるそうです。肩こりのある方は肩が、腰痛持ちの方は腰がいつもより痛いと感じたらストレスがたまってる黄色信号です。僕は昔から胃腸が弱いんです。ご飯を食べるとすぐにお腹が痛くなります。ご飯を食べるとすぐに便所に行きたくなります、ご飯を食べてる最中に便所へ行きたくなります、なんやったら便所でご飯食べたらええんちゃうかというぐらいです。ですからストレスでもすぐに胃が痛くなるので、そういう時は温泉にゆっくり浸かったり、秋田の美しい景色を見て癒されるようにしたりします。

お祭りに参加するのもストレス発散にいいと思います。僕が毎年参加させていただいてるのが『ヤートセ秋田祭』です。毎夏、大町イベント広場で開かれるこの祭りも17回目。年々評判を呼び2014年は県内外から63チームが参加し、二日間で約6万人のお客様が見に来てくれたようです。三年前に僕の落語をいつも見に来てくれる仲間が集まって「想い出作りに皆で一緒に踊りましょう」と誘われ『まるまる愛好会チーム三若』なるものが出来、お揃いのTシャツで渡部絢也さんの『秋田HATA☆HATA☆RO

CK&SAMBA!!』を踊りました。僕はほとんど練習に参加出来ませんでしたが、皆で力を合わせて踊りきった時は感動で鳥肌が立ったのを覚えてます。本来は一度で解散する予定だったのですが、汗をかいて踊ることの楽しさが快感になったようで、毎週練習を続け、メンバーもどんどん増えて、今では祭りやイベントなどあっちゃこっちゃからお呼びがかかるほどになりました。メンバーの踊りを眺めてると、ほんとに素敵な笑顔で飛び散る汗が宝石のように輝いていて、たくさんの元気をもらいました。

僕を通じて集まった仲間が今でも同じ生き甲斐を見つけ、楽しく頑張ってる。僕も少しは「秋田を元気にする」に貢献できたような気がして誇らしくなりました。皆さんもストレスを吹き飛ばすような、何か生き甲斐を見つけ、自分自身を、そして秋田をドンドン元気にしちゃいましょう。

ま マタギ（北秋田市）

最近の子供の名前はキラキラネームとかいって訳がわかりません。「希星（きらら）」「緑輝（サファイア）」「火星（まあず）」とか何人やねん！　と突っ込みたくなるもんばかりです。昔、話題になった「あくま君」なんて可愛いもんですよ。七音でドレミ、今鹿でナウシカですよ。意味不明です。僕らの時代の女の子には必ず「子」がついてましたよね。智子、佳子、恵子みたいに。秋田の女の子は秋田らしい名前で子をつけて欲しいですね。鰤子でブリ子とか、漬物でガッ子、忠犬でハチ子、金萬で28子、米玉半殺でダマ子とか。一番びっくりしたのが「黄熊」で「ぷう」ですよ。ぷうなら放屁と書いたほうが分かりやすいのに。

まぁプウさんといえば可愛らしいイメージしかありませんが、本物の熊は可愛いだけじゃないです。秋田と熊は切っても切れない間柄です。春先になると必ず、山菜を採りにいったおばあちゃんが熊と遭遇してニュースになります。普通に道の駅のレストランに座ってたとか聞きますもんね。今でもそうなんですから、昔はもっと熊と人間の関係は密接だったと思います。活躍したのが北秋田市で有名なマタギです。僕も某番組でマタギ体験をさせてもらいました。まずはワンデーオーナー（一日先頭車両にネームプレートをつけられる）になった秋田内陸縦貫鉄道で演芸を披露、お客様は車窓からの美しい秋田の原風景に見惚れ、笑うことを忘れてます。「笑内」（おかしない）を通過してもおかしないとはこれいかに。森吉山ではマタギの先生に杖の作り方や、熊に出会った時の対処法を教わりました。

熊に出会ったら、よく死んだふりをすればいいと言いますが、絶対にダメだそうです。目を見つめたままゆっくり後ずさりするか、来てる服を広げて自分を大きく見せて威嚇するのが良いそうです。間違っても背中を向けて逃げたりしてはいけません。先生相手に練習しましたが、練習ではバッチリでした。けど実際に熊に会った時に落ち着いて出来るかといわれると、無理や〜真っ先に逃げ出しそうです。その後は杣温泉にゆっくり浸かり、熊鍋をいただきました。熊肉は固くて臭いがあるのかと思ってましたが、意外にくせがなく柔らかくて美味でした。別の取材では『打当温泉マタギの湯』さんにも寄せていただきました。自慢の温泉では「うぉ〜熊さんのお口からお湯がでてる〜」と大はしゃぎ。阿仁の大自然に包まれながら源泉掛け流しのお湯を堪能。昔のマタギさん達も熊と戦ったあとはこのお湯で癒されたんでしょうね。中にはマタギ資料館がありマタギ文化をいろいろ学べてたっぷりと一日満喫できます。ここでも熊鍋が食べられます。

ちなみに北秋田市は遠いなぁという方は、大町に『熊親爺』という店がありますので行ってみてください。ほんとに熊みたいな親爺がいますが、熊肉は置いてませんのであしからず。

け「け」

先日、大阪でタクシーに乗ってましして、あまり知らないとこでしたので「この辺で美味しい店ありますか？」と聞くと「そやね～寿司なら…焼き肉なら…中華なら…」と運転手さんは延々と喋り続けます。「あそこの河豚屋さんは養殖やけど、旦那は天然（ボケ）でっせ～」とか小おもしろい事も挟みながら喋ります。元気な時は楽しいんですが、仕事帰りの疲れたときなんかは、まったりと出来ず、しまったぁ～いらんこと聞かんかったら良かったぁと後悔しますね。その点秋田の運転手さんは寡黙です。

タクシーに乗ると、いきなり行先も聞かずに走り出します。寡黙すぎるわ！　高倉健か！（不器用な男の代名詞だった高倉健さん、ご冥福を祈ります）。「美味しい店ありますか？」と聞くと、しばらく沈黙の後振り絞るように「…ね」と一言。この一言に「秋田では何を食べても美味しいんだ。ごちゃごちゃ言わずにどこに入っても出されたもんを黙って〝け〟」という力強い自信とプライドを感じます。

深読みしすぎか？　しかし一文字に重みがあるのは確かです。その代表が「け」という言葉。例えば美味しい料理をご馳走してくれる時、他の県なら「おい、こんな美味しいもんよそでは食べられへんぞ～良かったなぁここに来て、遠慮せんと食べろ～」とか長々とお話を聞かされることがよくありますが、秋田ではすごいご馳走を目の前にボーンと置いて「け」と一言言うだけです。

お家に招かれるとまず「こっち〝け〟」と案内してくれ「がっこ〝け〟」とすすめてくれ「背中〝け〟」と背中を掻き出します（そんな人はおらん！）。「おいで」「食べて」「痒い」が全て「け」一文字という省エネ会話。北海道で「どさ？（どこいくの？）」「ゆさ（湯に行くんだ）」が日本一短い会話だと聞いてましたが、秋田の「け」「く（食べる）」こそ正真正銘日本一短い会話ですね。

秋田弁のＹＥＳは「んだ」ですが、この二文字でさえ邪魔くさいのか、口を開けると雪が入ってきてしまうからなのか、「だ」の一文字になってることがありますから。県外から来た方はこの一字が何を意味するかは分かりにくいかもしれません。けど秋田のじっちゃんばっちゃんの笑顔からすぐに察することができるはずです。たった一文字に何百という思いが詰まってる。それが秋田弁の温かさなんです。

ふ ブラウブリッツ秋田

子供の頃、僕はサッカー少年でした。本当は野球のほうが好きで少年野球のチームに入りたかったのですが、野球道具一式は高くて買ってもらえず、裸足でサッカーボールを蹴ってたブラジル人級サッカー少年だったんです。またちょうど『キャプテン翼』という漫画がヒットして「ボールは友達、怖くない」なんて言いながら顔面にボールを当てる遊びが流行ったりしてましたから。子供の頃って変な遊びが流行るもんね。サッカー選手になるという道は中学で挫折しましたが（早っ！）その挫折が落語家への道を切り開いてくれたので良しとしましょう。もちろんサッカー観戦は今でも大好きです。ですからブラウブリッツ秋田がＪ３リーグ入りした時は本当に嬉しかったです。

以前にＣＮＡ秋田ケーブルテレビでレギュラー出演していた『ＡＫＩＴＡるＪＡＣＫ』という番組でブラウブリッツの選手たちとＰＫ対決をしたんですが、ほんとに皆さん男前で爽やかです。そして「サッカーは紳士のスポーツ」と言われるだけあってジェントルメンです。素人の僕が蹴る時に「わあ〜わぁ〜」などと大声を出して邪魔してくれるほどのジェントルメンです（笑）。というわけで行ってきました八橋球技場。入り口では岩瀬社長自らが一人一人を丁寧にお出迎え。おもてなしの精神に心が癒されます。中に入ると真っ青の空と緑の天然芝が見事なコントラスト。そこに颯爽と登場するイレブン。ブルーのユニフォームがなんとも映えてかっこいい！　客席とピッチが近く選手達の叫び声も聞こえて臨場感溢れます。ハーフタイムではスタジアムＤＪ秋田のナイスガイ、シャバ駄馬男さんに呼んでいただき軽くトークをしました。その日まで勝ちのなかったブラウブリッツに「逆境に耐える姿勢を小保方晴子さんから学んでください！」と爆笑をとっておきました（当時の時事ネタね）。

その後に「人のもん（球）でも自分のもんにしようという姿勢を佐村河内守さんから学んでください！」と言いびっくりするほど滑ったのは内緒にしといて下さい。ついでに「僕はこれからもＪリーグとジェイマルエーを応援します」と言って、後でスタッフの方に「スポンサー関係の問題がありますんで」と軽く怒られたことはもっと内緒にしておいて下さい。

とにかくスタジアムが一体となり必死に応援しましたよ。ピンクのユニフォームを着た三宅キーパーがボールを取るたびに「頑張れ～ハピネッツ～」と叫んでたちびっ子がいたのもご愛嬌です(笑)。そして、やりました～Jリーグ初勝利!! 歴史的瞬間です。あの時、スタジアムにいた皆さんの弾ける笑顔。スポーツを通じて県民が一つになれる素晴らしさ。この笑顔が溢れる限り秋田の未来は明るいと感じました。ぜひ皆さん一緒にブラウブリッツを応援しにスタジアムに足を運びましょう。

シャバさんとサッカー

サッカーだからといって「行く、行かない」はっきり白黒つける必要ないっすよ。フラッと立ち寄り「たまたま（球球）来たんだぁ」で大丈夫ですんで。

こ 国花苑（井川町）

秋田の誇る美しいスポットはしょしがらずにどんどん宣伝していきましょう！

先日、井川町へ寄せてもらいました。今まで井川町では何度も落語をさせていただいたんですが、なかなかゆっくり観光する機会がありませんでした。やっと仕事終わりで時間が空いたので、主催者の方に「どこか案内してください」と言うと「この辺はなんもねぇんだぁ～」と言いながら連れていってくれたのが、井川町の日本国花苑と潟上市の道の駅しょうわのブルーメッセあきた。どちらも色とりどりに咲き誇る花が美しく、いつまでも眺めていたい癒しの空間でした。しかも無料ですよ。こう見えても僕は花を愛するロマンチストなおっさんなんです（う～ん、ロマンチストの後にはやっぱり少年のほうが似合うね）。だから落語会の後に花束なんかもらうと嬉しくてしかたありません。札束の次くらいに嬉しいです。いやらしいな！

日本国花苑はまずバラ園へ。世界ばら会連合という悪の組織が（違うよ）3年に1度の世界会議で選んだ色とりどりの薔薇がバラバラでなく一斉にお迎えしてくれます。薔薇のアーチをくぐると自分がアンソニーになったような気になります（キャンディキャンディ）。苑内に入るとあちこちに置かれたオブジェが目をひきます。オブジェには全てタイトルがついていて、それがイメージをどんどん膨らませてくれます。

ゴリラのオブジェはリアル過ぎてびっくりしますが子供に大人気なようです。苑の中には２００種２０００本の桜。「一年中桜が見れるど～」は大袈裟でしたが（汗）桜の季節以外にも11月には十月桜、12月には冬桜、３月には彼岸桜、４月にはしだれ桜を見ることが出来、桜の季節に入学や就職出来ずに新しいスタートが切れなかった人も、再出発の際にはここに来てテンション上げてください。その時にまた「桜散る…」となってても責任は負いませんが。僕は思わず主催者の方に「こんな素敵なとこがあるじゃないですか～」と叫んでしまいました。丸三年間秋田に住んでた僕が知らなかったんです。もちろん僕の勉強不足もありますが、もっと自信を持って「秋田に来たらここは見とかなきゃ～」と宣伝してくれてたら、とっくに行けてたかも知れません。たった三年住んだくらいで回りきれるほど秋田の魅力は底の浅いもんじゃないです。無限大に秘めた秋田の魅力はとても三年で語れません。

これをしょしがらずに自信満々にアピールすることを皆さんにやってもらいたいと思いました。国花苑もブルーメッセも彼氏や彼女と行って欲しいスポットですね。ムードを盛り上げ、彼女と花を見比べながら「この花の美しさも君の前ではかすみ草」なんてプロポーズしてみてください。空気が一気にヒヤシンスになり、彼女が沈黙しクチナシ（口無し）になり、あたり一面にはぼけの花が咲き乱れるはずですから（それじゃぁダメじゃん！）。

え SJK劇場（秋田市）

秋田に住んでから色んな場所で落語をさせていただきました。25市町村は全てまわりましたし、大小の会場も含め500か所以上、700回近く落語を聞いていただきました。我々落語家は呼んでいただいたらどこでも行きますし、どこでも落語をします。こちらは着物一つ持っていけばいいですし、主催者さんは高座と座布団を用意してくれたらだいたいオッケーです。高座は机でもビールケースでも高ければ大丈夫です。

一度、某会場で高座のテーブルが少し低かったので「もう少し高いテーブルありますか？」と聞くと、かしこまりましたと持ってきてくれたテーブルは同じくらいの高さ。えっ？　と思ってると「三若さん、これは樹齢250年の木で作られた40万円のテーブルです」。いや、高さが違うから！　高価さは求めませんので（笑）。座布団は座れたら何でもいいですが一枚で充分です。たまに座布団が何枚か積み重ねられてて、「三若さん、どのタイミングで座布団を増やしたらいいですか？」と聞かれます。『笑点』やないねんから！「ロビーでラーメンは売りますか？」とか、売りませんよ〜！　まぁ同じ伝統芸でも歌舞伎でしたら10トントラック何台も来て、大掛かりなセットも作る必要がありますが、落語は簡単です。歌舞伎でしたら皆さん見に行くとき、朝から着物着て、美容室に行ってお洒落してきますが、落語は「よそ行きの寝巻？」と思うような恰好で来れちゃいます。

そんな気楽な落語をもっと気楽にみてもらおうと自分で作ったのが、大町3丁目、Ｊａｚｚ Ｌｉｖｅ Ｈｏｕｓｅ ＴＨＥ ＣＡＴ ＷＡＬＫ向かいにある『ＳＪＫ劇場』です。ＳＪＫは三若の略でコンセプトは『会いに行ける落語家』です。「逆に会いに行かれへん落語家ってどんなんやねん！」と言われそうですが、大阪ではけっこういるんです。お客さんに「○○さん、最近見ないけどどこ行ったら見れますか？」と聞かれ「今は天王寺のカラオケボックスで働いてますんで、そこに行けば…」「はぁ、シフトは分かりますか？」って知らんがな！　という具合にね。

気軽に会いに来れるＳＪＫ劇場は僕だけでなく色んな方に出演していただきました。

現在までシャバ駄馬男さん、石垣政和さん、チャーリーホイさん、高田由香さん、マティログさん、ブラボー中谷さん、椎名恵さん、渡部絢也さん、あべ十全さん、石田隆一さん、ちぇす、ステラのモデルさん達から大阪の先輩落語家さんなどなど。これからも少しでも「笑い」の発信地になれるように様々なイベントを企画していきますね。舞台のために購入したのは中古で買ったダイニングテーブルのみ。このテーブルでディナーの代わりに、シェフお薦めの落語をお召し上がりくださいませ。

ⓣ 出戸浜（潟上市）

僕が秋田に来て最初にやらせていただいたのはＡＢＳラジオの『桂三若の大好き秋田の海』という番組です。冬が長く夏が短い秋田、秋にいたっては3時間くらいしかありません。そんな短い夏を盛り上げるため、秋田の海の魅力を知ってもらおうという夏季限定の番組は、もう4シーズンを終えました。

この番組を通じて本当に秋田の海が大好きになりました。由利本荘の西目海岸ではサーフィンに挑戦。サーフィン歴は20年以上と長い僕ですが基本的にはサーフボードを持ってビーチをウロウロするだけでしたので（丘サーファーやん！）新鮮でした。秋田市の小型船舶教習所『ビーエルエス東北』さんでは水上オートバイの免許に続いて、4級船舶の免許も取らせていただき、キャプテンサンジャーックとして隻眼で（ハーロック？）船員の命を預かり大海原を航海しましたが、舵取りのまずさに船員は後悔したはず。ダウンビーチ（下浜）ではウェークボードに挑戦したり、アデランスビーチ（桂浜）

では落語もしました。

おそらくビーチの上に高座を作って落語をしたのは世界初じゃないでしょうか。

その日は奇跡の真夏日で気温は34度。水着姿の若者たちも暑さで海に逃げ込む中、着物姿で汗をダラダラかきながら落語する僕の姿はかなりシュールだったと思います。前に十和田湖のかまくらの中で落語をさせていただきましたが、その時との気温差は40度以上ですよ。あの時のお客様は寒さで笑うどころじゃなかったですが、今回は暑さで笑うどころじゃなかったようで、客席の温度は同じくらいでした（ダメじゃん！）。あまりの暑さに落語をしてて初めて自分が何を喋ってるか分からない状態を経験しました。

それでもなんとか30分の持ち時間を終えたつもりで「ありがとうございました～」と引っ込もうとすると、スタッフの方が「三若さーん、まだ15分しか経ってません～ん」。

ガーン！　暑さのあまり落語のネタを半分近く飛ばしてしまってたのです。

ぐったりした僕がお客様に「頑張って後15分やりましょうかぁ？」と言うとぐったりしたお客様は声を揃えて「もうええわ！」。落語ではなく漫才のような落ちになりました。僕もお客様も完全燃焼した落語会。秋田の一番熱い夏がそこにはありましたが、熱さと（客席の）涼しさは紙一重だと気づかされる一日でした。

そして何と言っても大好きな潟上市の出戸浜海岸です。こちらの海の家『はまや』さんには4年連続寄せてもらってます。初めて行った時にはお父さんとお母さんが笑顔で迎えてくれラーメンを出してくれました。このラーメンが本当に美味しかった。聞くと夫婦で仲良くラーメンを食べ歩いて研究を重ねたそうです。納得の味が完成するまで何度も何度も試行錯誤を繰り返したお父さん。お父さんを「頑固な人でねぇ〜」と語るお母さんの優しい眼差しが出戸浜の海のように美しく感じました。そんなお父さんが鬼籍に入られました。お母さんは息子さんと一緒にお父さんの残した味を守りながら来年の夏も笑顔で僕たちをむかえてくれるはずです。

秋田の海の魅力は秋田の海を愛する人の魅力です。大きく優しく自然体。だって「うちの店の宣伝はいいですから、秋田の海を汚さないようにとオンエアーで言って下さい」なんて言えるスポンサーさんはよそにはいないですよ！　大きな秋田の海に包まれ自分も少しだけ大きくなれたような気がする秋田の夏なんです。

ABS秋田放送前、ラジオ「大好き！秋田の海」メンバーと

青空の下、桂浜サマーフェスティバルで高座

あ アメッコ市（大館市）

大館に行くと必ず「は〜るばる来たぜ大館〜」と歌ってしまいます。やはり秋田市内からはちょっとした旅気分を感じるからでしょう。秋田に来てすぐの頃は車も無かったので、今はなき寝台列車日本海に乗って大館へ行ったことがありました。吉本興業のTマネージャーと一緒です。このTマネ（29歳秋田出身独身女性、好きな歌手はチャットモンチー、好きなパンはフレンドールのメロンパン）はかなりの天然娘なんです。「すごいゴリラゲイ雨ですね」「ロールキャベツを作るんでレタスを買いに行きます」なんてのは序の口で、電話で誰かの名前を説明するとき「あきひこです、あきひこのあきは日を書いて、昭和の昭の右側です」ってそれ昭和の昭でえぇやん！「あきひこのひこは、よしひこのひこです」って誰やねん、よしひこって！　落語会の時、お客さんが少なくて僕が落ち込んでると「三若さん、お客さんが少ないんじゃないんです、椅子が多いんです」と意味不明な慰めをしてくれます。

一番びっくりしたのは、ある会館にジュリーのポスターが貼られてたので、僕が「ジュリー秋田に来るんやぁ」というとTマネが「あっ、この人も秋田に来るんですね～」と指差したのが、なんと指名手配写真のポスターでした。来るか～‼　…なんてことがあってもおかしくないので、話しだしたらほんとにキリがなく脱線しすぎますね。その日も寝台列車が嬉しくて「わーい、寝ていこうっと。Tマネ、着いたら起こしてくださいね」とお願いすると、元気いっぱいに「はい！」との返事までは良かったんですが、その後に「私も起こしてくださいね」…いや無理や！　寝てる僕が寝てるTマネを起こすって。トム・クルーズでもミッションインポッシブル～ってなりますよ。

そんな思い出深い大好きな大館の地ですが、僕が『住みます芸人』で秋田を選んだのも大館がルーツになったんです。2007年にオートバイで日本一周をした時に大館でも落語をさせてもらい、主催者のHさんの家に泊めてもらいました。翌日は朝6時出発で由利本荘へ向かうハードスケジュールだったんですが、「せっかく大館に来たんだから、これを食べてもらわないと」ときりたんぽ鍋をご馳走してくれました。その鍋と人柄のあったかさに惚れて「また秋田に来たい！」となったんです。優しさが嬉しかったんですが、朝6時前のきりたんぽは胃には優しくなかったかも。

余談ですが、このHさんは新婚で秋田美人の若い嫁さんを、僕が泊まるというので実家に隔離してたことを後から聞いてやるせなかったですけど（笑）。大館では色んなイベントに参加させてもらいましたが、アメッコ市はあちこちにアメッコが飾られる可愛いお祭りでしたね。案内してくれたおじさんが「この日にアメを食べると病気しないど〜」と言いながら、勢いよくアメをかじると「歯がかけた〜」というハプニングもありましたが、ハチ公通りを練り歩く秋田犬たちに「お互い忠犬（中堅）やから頑張ろうな」と友情を育みワンダフルな一日になりましたよ。

ⓢ 酒っこ

とにかく秋田の方はお酒をよく飲みます。居酒屋などに呼ばれて行き、軽く挨拶をしようとしても「いいからまづ飲め！」と言って喋る隙さえくれません。言葉を交わすより盃を交わしたほうが分かりあえるのでしょう。まぁ喋りが苦手な僕としてはありがたいですが（ダメじゃん！）。一度、おじいちゃんがニコニコしながら「これ梅酒、梅酒」とお酒をついでくれました。ところが飲んでみると日本酒です。なにかいなぁ〜と思ったら「これうめっす、うめっす」言うてたんです（驚）。奥が深いぜ秋田弁。

僕も「芸人やからよく飲むんでしょう〜」と言われますが、芸人がみんなお酒が強いかというとそうでもありません。僕も秋田の皆さんには潰されっぱなしです。

後輩のY君は一滴も酒が飲めないんですが、大阪の居酒屋でウーロン茶を飲みながら食事をしてると、横のおっちゃんが「兄ちゃん、芸人やったら酒ぐらい飲まなあかんで」と絡まれました。「酒飲んで、無茶せなあかんねん、無茶せなあかんねん」とあまりにもしつこいので、つい怒って飲んでたウーロン茶をおっちゃんにぶっかけたそうです。するとそのおっちゃんが一言「兄ちゃん…無茶したらあかんわ」。

お酒の席は楽しいことだらけです。僕が作った秋田民謡があります。

「秋田のおじんが、刈穂を片手に、笑顔でおばんです。まんず飲めおめ、練習練習、本番へべれけだぁ」。

なかなか秋田らしいでしょ。

僕の大好きな大好きな飲み屋街の一つに『川反』があります。お酒が大好きな僕は日本中いろんな飲み屋街に行ってますが、こんなに雰囲気が良く、情があり、素敵な街は初めてです。昔は「東北一の繁華街」と言われ「肩をぶつけて歩いてたんだぞ～」と皆さんが口を揃えて言うくらい賑わってたようです。ところが最近は人口減や不景気の影響もあり、やや寂しく感じることもあります。特に若者は「川反に行ったことがない～」という人も多いようです。「じゃあどこで飲むの？」と聞くと「家飲み～」と答えます。確かに家で親しい仲間と飲むお酒は楽しいし安心ですし、安上がりだと思います。

けど川反では学校や家で教えてもらえないたくさんの事を学ぶことができます。大人のスマートなお酒の飲み方なんか、いまだに僕も教わってますもん。そろそろ教えるほうにまわらなね。ぜひ、これからの秋田を支える若い人は、少しだけお洒落して川反に繰り出してみてください。美しい雪景色を見ながら飲む少し大人の味に、秋田がもっと大好きになることを、勝手に川反宣伝隊長に就任した僕が請け負いますから。そして吉田類のごとく川反をブラブラしてる僕を見かけたら気軽に声をかけてくださいね。いつでも一杯ご馳走になりますから（なるほうかよ）。

き きみまち阪（能代市）

秋田では大学でもたくさん落語をさせていただきました。ある大学に行った時に女子大生とお話をしました「うちの学部は100人くらいしかいなくて、みんなが顔見知りだから、買い物行くのが恥ずかしいんですよぉ」「なんでなん？」「だってスーパーは一つしかないから、そこでアルバイトしてる子はいるし、必ず何人かに顔をあわすし、トイレットペーパーなんかを買ってたら、『あいつまた12ロール買ってるでぇ、こないだ買ってたばっかりやのに〜どんだけ大きなウン○すんねん！』とか思われそうで」。いや…考えすぎやって。「それにお肉なんか買ってたら『あいつ学生のくせにお肉なんか買って贅沢やなぁ、裏でいかがわしいバイトでもしてるんちゃうか？』とか見られてそうで」って被害妄想強すぎでしょ！　お肉でそこまで思うって、いつの時代やねんなぁ。面白い子です。

その子に「秋田のお薦めスポットはどこかな？」と聞くと間を置かずに返って来たの

が『きみまち阪』でした。それを聞いてさっそく行かせてもらいました『きみまち阪県立自然公園』。僕が行ったのは桜の季節でしたが最高でしたね。広場を取り囲むようにそびえ立つ屏風岩に咲き誇る桜。天皇陛下が皇后のお手紙を待った場所だけのことはあります。秋田では角館の桜が有名ですがどちらも甲乙つけがたい素晴らしさです。春には桜、夏には新緑、秋には紅葉、冬には雪景色と一年中色んな顔を見せてくれるようで、まさにオーケストラのように四季（指揮）によって味わいが変わります。

恋文ポストにラブレターを入れると、ハートのマークの消印を押してくれるそうで願いが成就しそうです。ハートのマークが縁で夫婦になったら鳩《ハト》のマークでお引越しなんてどうですか？　ってイマイチやね。恋文コンテストなんてロマンテックなイベントもあり、確かに若い子は特に喜びそうなスポットでした。

その女の子も彼氏と何度か行ったようで「どうやった？」と聞くと「すごい綺麗で最高なんですけど、友達に見つかったら『あいつ学生のくせになんでこんなとこ来てるねん、ひょっとして皇室関係？』とか思われそうで」って誰も思わへんゆうてるのに！

「その近くにきみまちの里って道の駅があって、そこには1億円の便所があるんです、ぜひ行ってみてください」とも言われてたので行ってみました。ホテルのロビーのような美しい便所です。小のほうをするとこはガラス張りになってて、その向こうの狸がこっちを見つめてます。なんか緊張するね。その女の子も「私も行ったんですけど、そんな1億円の便所に入ってるとこを友達に見られたら『あいつ学生のくせに、なんと贅沢な便所に行くねん、ひょっとして家でもお手伝いさんがいて、トイレに入った後はお尻を拭かせてるんちゃうか？』とか噂が広まったら嫌じゃないですかぁ〜」って広まるか〜そんな噂！　面白すぎました。

ゆ 由利高原鉄道（由利本荘市）

よく仕事で秋田の鉄道も利用させてもらいますが、皆さんのマナーの良さには感心させられます。電車なんかでもきちんと並んで「降りる人が先、乗る人が後」をしっかり守ってますもん。大阪では降りる人も乗る人も関係なく「私が先」やから。「駆け込み乗車おやめ下さい〜」のアナウンスが流れると同時に「駆け込まな間に合わへん〜」と一斉に走り出す見事な負の連鎖。逆に「駆け込み乗車お急ぎ下さい〜」って流したらどうやろう？　もっと増えるわなぁ。その点秋田は携帯電話で喋ってる人も少ないですし、電車での移動は気持ちいいです。そしてしょしがり（恥ずかしがり）な皆さんらしく、僕に気づいてもあまり喋りかけてこないですね。

以前、僕がつり革を持って立ってましたら、前に座ってる女性が恥ずかしそうに「あの〜」と喋りかけてきました。「はい」とちょっと顔を作って返事すると「言いにくいんですけど、前開いてます」ってチャックが全開でしたね。恥ずかしがらなくていいのにね、ってそれは恥ずかしいわな。僕も勘違いして、前の車両へ歩いて行きましたよ（前、空いてる）。

大阪にいる時は、仕事までの道のりは全て移動でした。あの電車に乗って、あのバスに乗れば何時に着くなぁとかしか考えてなかったんですが、秋田に来てから快適な電車に乗っての、仕事先までの道のりは移動ではなく旅やと感じるようになりました。「旅は人生をスローモーションにする」というとおり目的地までの美しい景色をゆったり流れる時間の中で少年のように楽しんでおります。さすがに靴脱いで窓に向かい立膝で座る子供姿勢はとりませんけど（笑）。

その電車での旅の中でも一番したかったのが由利高原鉄道鳥海山ろく線おばこ号での旅。秋田に来た時から秋田魁新報さんの記事を見て注目してました。一般公募で社長を募集し、数千万円の赤字をちょっと減らしたい、と。黒字にしよう、じゃない控え目さが可愛いいじゃないですか。そして新社長に選ばれた春田さんは様々なアイデアを出し、精力的に動きまわってます。少しでもお役に立てることはないかと打診して決まったのが『落語列車』。羽後本荘から矢島までの往復を落語と素晴らしい景色を楽しんでもらおうという企画です。当日は大入り満員のお客様。電車でいうと乗車率100％です(笑)。心地よい揺れと車窓に広がる大自然。そしてかすかな笑い（かすかかいな！）。お客様にも堪能してもらえたと思います。私も生まれて初めてですよ、つり革に捕まりながら落語をしたのは（笑)。ぜひ皆さんも鳥海山ろく線に乗り秋田の原風景を眺める〝旅〟を楽しんでみて下さい。これからも噺家として由利高原鉄道を応援していきます。なんせお互いお客様を「乗せる」商売ですから！

❸めんちょこ

「あい〜めんちょこだごとおめぇ」この「めんちょこ」は「めんこい」の名詞形で可愛らしいという意味です。これは秋田で言われると一番嬉しい言葉なんですね。

もちろん文字通り可愛らしい女の子にも使いますが、ちびっ子からじいちゃん、ばぁちゃんにまで幅広く使われます。僕が特にめんちょこだと思うのは、秋田のじっちゃんばあちゃんです。落語会が終わった後に見送りをするとじっちゃんばあちゃんのめんこいこと。満面の笑顔で色々と声をかけてくれます。「三若さん、頑張って最後まで見ましたよ〜」う〜ん、出来れば頑張らずに自然体で見てほしいけど（汗）。「いっぱい笑って長生きできそうです…死ぬまでは生きれそうです」う〜ん、含蓄のある言葉をありがとうございます。「三若さん、面白かったけど座布団は増えなかったねぇ〜」う〜ん、笑点やないねんから。「もうずっとファンなんです。ファンなんで、せめて名前を教えてくれますか？」う〜ん、ほんまにファンなんやろか？　不安になるね。「三若さん、ラジオで見るより男前やねぇ〜」う〜ん、ラジオを見ても僕の顔は分からんと思うけど。「これからも応援しますね、サンワカさん〜」う〜ん、まず名前を覚えるとこから応援をスタートさせて下さいね。

「三若さんの落語を聞いて、病気が治った気がします」「何の病気ですか？」「はい、不眠症です」う〜ん、ゆっくり寝れたのは良かったけど僕には残念すぎる結果やがな。などなど、めんこくてしかたありません。ですから敬老会の仕事なんかは楽しくてしかたないんですが、そのぶんハプニングもあります。

ある敬老会ではテーマが「人をひきつける話し方」になっていました。噺家さんから魅力的な話し方を学んで友達をたくさん作ろうということなんです。ですから僕も気合いを入れて、一生懸命話をしてましたら一人のおじいちゃんが爆笑しだしました。よっぽどツボに入ったのか「ヒッヒッヒッ〜」と笑いが止まりません。大丈夫かな？　と思ったら実は笑ってるんではなくひきつけを起こしてたんです（涙）。大事には至りませんでしたが。えらいことなったなぁ〜と思いながらテーマが「人をひきつける話し方」

だったと思いだしました。図らずも役目を全うしてしまったんです。いろいろありますが、秋田のめんこいじっちゃんばっちゃんの笑顔を見ると、元気を与えにいったつもりの僕が逆にたくさんの元気をもらって帰れます。

秋田は高齢化率No.1です。これは全然卑下することじゃないですよ～「お年寄りが日本一元気で日本一住みやすい県なんだ！　雪かきなんかの力仕事は若者が手伝ってくれて、そのかわりに人生の先輩としていろんなことを教えてあげる。しっかりとしたコミュニティと思いやりのあるところなんだぞ～」とドンドン自慢しちゃいましょう！　そうすると県外の人も「じゃあ定年退職したあとは秋田で暮らそうか！」となっちゃうかもですよ。

秋田を支えるめんこいじっちゃんばっちゃんの笑顔を支えるのは若者たちの仕事です。これからもお互いに助け合うことを恒例化（高齢化）していきましょうね～（うまい…か？）。

㊮ みずたたき

よく秋田の人は我慢強いといわれます。そりゃ僕からしたら、「こんだけ降るねんぞ～すごいやろ～なめたらいかんぜよ～（なんで土佐弁？）」と〝どや顔〟で降ってほしいドカ雪が「えっ？　どうしたん？　普通ですけど、なにか？」みたいな顔して毎日降るんですから。春が近づいてきて「やったー雪が解けてきたぁ～」と叫び終わる頃には、またすでに積もってるという永遠に続く負の連鎖。それを子供がおねしょした程度に「しがたねっすなぁ～」と傘もささずに受け入れ、もくもくと雪かきをするんですから我慢強くもなります。

我慢強いのはいいんですが、落語をしててもちょいちょい笑いを我慢してる人がいるのは焦ります。難しい顔で落語を見ながら「落語は伝統芸だから、真面目なもんだから笑ってはいけないんだぁ」と下唇を血が出るくらい噛みしめ笑いを我慢し、終わった後で「三若さん、面白かったです。危うく笑いそうになりました」って笑ってくれ～！

一度も笑わなかったおっちゃんに「最後まで我慢してましたね」と言うと「いやぁ、これぐらい楽勝です」と高々に意味不明な勝利宣言をされちゃったこともありました。

ある老人ホームに行った時も、一番前のおじいちゃんが歯をくいしばって笑いを我慢してました。そこは我慢せんといて～と思いながら落語をしてると、30分くらいしてそのおじいちゃんが手を挙げました。あんまり落語の最中に手を挙げられることもないので、授業やないねんから、と突っ込みながら当てると涙声で「すみません、おしっこに行かせてもらっていいですかぁ？」と。おじいちゃん、笑いを我慢してたんやなくて便所を我慢してたんです。もちろん、どうぞ行ってくださいとすぐに行ってもらいましたが、少し手遅れだったようで、帰って来たときには薄い茶色のズボンが、前だけこげ茶色のズボンに変わってました（汗）。「えっ？　便所にシマムラあったっけ？？」と思いましたもん。そんな我慢強い皆さんですから、思いも内に秘めるとよく言われます。

中身はラテン系で「秋田が好きだ！　秋田を盛り上げたい！」という気持ちが溢れてるのに、えふりこきですかしてしまう。まさにギンギラギンにさりげなく状態なわけです。古いか？　なんでも内に秘める、山菜の採れる場所も内に秘めて誰にも教えない。家族にも教えないので一人で行って遭難してしまうという見事な負のスパイラル。出来れば内に秘めずに外に外にアピールしていきましょう！　捜索費用も大変ですから。

けど確かに秋田の美味しい山菜を食べると一人占めしたくなる気持ちは分かります。しどけ、ばっけ、ふき、たらのめ、こしあぶら、わらびなどなど、天ぷらで食べるとお酒も弾みます。ご飯のおともに大好きなのは「みずたたき」ですね。ネバネバ感が最高でほっかほっかの秋田こまちが何杯でもいけてしまいますよ。僕は農家民宿のおばあちゃんに、みずたたきの作り方を教えてもらったことがあります。

みずの根っこだけを切り、ビニールに入れて棍棒で叩き、取り出して包丁で叩き、味噌を加える。懇切丁寧に教えてくれましたが、「おばあちゃん、このみずはどこで採ったん？」と聞くと「…あっち」と蚊の鳴くような声でつぶやきました。

やっぱり採り場所は教えてくれへんねやぁ〜（涙）。

し 白神山地（藤里町）

藤里町といえばなんといっても白神山地です。残念ながら4分の3は青森ですが、残りの4分の1は全て藤里町にあります。僕も取材で行かせてもらいましたが、世界最大のブナの原生林は雄大で、手つかずの自然の美しさを教えてくれます。美味しい空気を胸いっぱいに吸い込みながら木漏れ日の中を散策する、考えただけで清々しい気持ちになりませんか。

案内人の方に教えていただいたのは「森と人間の共存」がいかに大切であるか。ブナの木は倒れた木や枯葉が土の中の生物に栄養を与え腐葉土になり、またブナに栄養を与えるというふうに助け合って生きてるのです。それと同じように人間が助けて森を守ることにより、我々人間の生活も森が守ってくれるんですね。いろいろ勉強させられました。

そして僕が感心したのが、たくさんの観光客が訪れてるのにゴミが全く落ちてないこと。僕は秋田は総体的にゴミのポイ捨ては少ないと思います。ずっと住んでる皆さんからしたらまだまだ多いのかもしれませんが、大阪から来た僕にしたら感動的ですらあります。

僕は2007年に一年かけてオートバイで日本一周したことがあります。その時に景勝地といわれるところをたくさん見てまわったのですが、美しいところにはゴミ一つ落ちてないんです。そりゃそうです、後楽園の綺麗な芝生の上に空き缶をポンと捨ててく人はいませんから。美しいものはみんなで守ろうという気持ちが日本人には自然に身についてるんです。だから白神山地はその美しさをキープできてるんです。ところがお家や車と一緒で、綺麗なうちは汚さずに使おうとなるんですが、汚れてくると「まっいいか！」という気になってどんどん汚してしまう。ですからどうしても大阪はゴミが多いからポイ捨てが多いんです。朝早くに街中を歩くと夕べのゴミが道端にたくさん落ちていて、朝の爽やかな気分が吹っ飛んでしまいます。コンビニの前に自転車なんか止めてたら必ずカゴの中に空き缶を捨てていくふてぇ野郎がいてますから腹立ちます。それがコーヒー缶で少し残ってたりしたら腹立ちも倍増です。「俺、コーヒー嫌いやのに！　せめて紅茶にしてくれよ～」と（いや、紅茶やったら飲む気かい！）。秋田ではこんなことはないと思いますが、あったとしても「あい～こんなとこに空き缶投げて、ちゃんとゴミ箱へ投げねば」とゴミ箱へ持っていくはずです。大阪のおばちゃんは「信じられへ～ん」言いながら隣の自転車のカゴに入れていくという負のスパイラル。一生ゴミはなくなりません。ちなみに自転車のサドルが盗まれても誰かがあきらめて、サドルのかわりにカリフラワーでも突っ込んで我慢しないと、一生被害者は増え続けます。

あるイベントで秋田のナイスガイ、ＤＪのチャーリーホイさんが素晴らしいことを言ってました。「一度でも他人の捨てたゴミを拾った人は二度とポイ捨てをしません！」その通りだと思います。

他県から来たお客様は秋田の海に沈んでいく美しい夕陽を見て秋田のことを大好きになってくれるはずです。けど海岸にはたくさんのゴミが…では感動も半減しちゃうでしょう。美しい秋田は皆さんのちょっとした心遣いでもっともっと美しくなります。秋田県全体が白神山地のように世界遺産だと思って大切にしましょうよ。そして遊びに来てくれた人たちを秋田の虜にしちゃいましょうよ〜。

白神山地で自然を感じる

🍥 エリアなかいち

秋田は完全に車社会です。ですから自然と郊外のショッピングセンターに人が集まります。それはそれでいいことだと思いますが、駅周辺の中心地に人が集まらないのは寂しいです。そこで再開発してにぎわいを生み出そうと誕生したのが『エリアなかいち』です。オープン当初はたくさんの人でにぎわい、街中が活性化されたイメージがあったのですが、少しずつにぎわいがなくなってきてるのは素人目にも明らかです。今後、どうやってにぎわいを取り戻すかは専門家さんたちに任すとして（汗）僕としては思い出いっぱいの場所ですからこれからも応援していきたいです。オープニングのイベントでは野外ステージで落語をさせていただいた日の盛り上がりは忘れません。

『にぎわい交流館AU（あう）』では何度も『すったげよしもと！』というイベントをやらしていただき、東京からのゲストをお迎えして盛り上がりました。スリムクラブの内間さんは一週間前に違うイベントで秋田に来て、すぐにすったげよしもとにゲストで出てくれたんですが、その時に「いやぁ〜この辺も変わらないですよね〜」としみじみボケてました。一週間で変わるかいな。

ラジオの公開録音も何度もやらせていただきました。一番思い出深いのはＡＢＳラジオ『桂三若の寄席場いいのに！』（毎週日曜朝5時35分〜と夕方5時30分〜現在も続いてますよ〜）の１００回記念での公開録音での落語です。この番組は少しだけ落語の魅力を伝えられればと始まったんですが、毎回公開録音ですのでハプニングの連続です。赤ん坊が泣いたり、お酔いになった方がお叫びになってたり（なんで敬語？）、おじいちゃんが大いびきをかいてたり、携帯が鳴ったり、救急車が走ったり、ネタを忘れたり（それは自分のせいやね！）。

１００回記念の時もハプニングの連続でした。1階のフリースペースが会場ですので、隣では受験生が一生懸命勉強してます。その奥にはちびっ子たちの遊び場があります。

僕としては、受験生にはあまり迷惑をかけないように静かにやらなあかんし、ちびっ子には静かにしてほしいし、もうなんやわからんカオス状態なわけです。そして落語が始まると同時にちびっ子達はかくれんぼを始めました。

館内にこだまする「もういいかい〜」「まぁ〜だだよ〜」という声。またちびっ子たちの清らかな声はよく通ります。僕なんかよりずっと通るんです（あかんけどね！）。こっちに来るなよ〜という願いもむなしく、その声はだんだん大きくなってきます。大音量の「まぁ〜だだよ〜」を聞きながら「早く隠れてくれよ〜（涙）」と心の中で突っ込みつつ、なんとか落語の落ちまで言った瞬間に「もういいよ〜」って、それは俺の落語に対する突っ込みかい！　という見事なタイミングで１００回記念に花を添えてくれました（汗）。けどそんなハプニングも全て含めてが落語なんです。生だからこそのハプニングがたくさん見れる『エリアなかいち』。皆さんもドンドン足を運んでみてください。

なかいちでの寄席風景

ひ 東成瀬村（東成瀬村）

ただ今僕は秋田と東京を行ったり来たりする日々を過ごしてますが、秋田に帰ってくるとほんとにほっとしますね。先日も羽田から秋田行きの飛行機に乗るとおじさまが声をかけてくれました。「あっ、三若さん、どこ行くんですか？」って秋田やがな！　秋田行きやからね、みんな秋田と思います、そりゃ秋田経由でヨーロッパに行く人はいませんから。「秋田ですよ」と答えると「偶然ですね。私もです」って当たり前やがな！アットホームでほのぼのします。よく秋田の方に「東京はすごいでしょ〜最先端でしょう？」と言われます。秋田の皆さんは何事も東京は最先端で、一歩先をいってると思ってるかもしれませんが、僕に言わすと全く逆で秋田の方が先をいってますので自信を持ってください。

東京で夏だと思い秋田に行くと秋になってますし、秋だと思い行くと冬になってますから。一足遅いぜ東京よ（笑）。そして「東京には秋田にないものがなんでもあるでしょう」ともよく言われます。そんなことも全くないですよ。東京にあるものは秋田にほとんどありますよ。セブンイレブンもあるしね（セブンイレブンが出来た時に全テレビ局が一斉にニュースにしてたのには少し驚きましたが）。無いものといえば東京タワーくらいです。そりゃそうか。逆に東京にないものが秋田にはたくさんあります。美味しい空気に美しい大自然。秋田の美味しい肴をアテに秋田の美味しいお酒を飲みながら秋田の雄大な海に沈んでゆく美しい夕陽を眺める。最高に贅沢な時間です。

こんな素晴らしいものをたくさん持ちながら皆さんは謙遜もあるんでしょうが、口を揃えて「秋田だばなんもねぇから」と言います。僕が秋田に来て気づいたのは、何にもない所には何かあるということです。例えば東成瀬村は夜になると開いてる店が一つもありません。けど見上げてみてください夜の空を！　手を伸ばせば届きそうな、今にも降り注いでくるような満天の星空に、何にもないからこそ、この美しい星空が見れるんだと感謝の気持ちを覚えるはずです。

ちなみに東成瀬村は日本で二番目に星が美しいといわれてるそうです。誰が決めたのかは知らんけど（汗）。大阪に住んでた僕には信じられないくらいの素晴らしい海も山も秋田にはたくさんあります。何にもないなんて嘆かずに神奈川に住んでる人達が「俺達には海がある」と胸をはるように自分の自慢のスポットをどんどん見つけちゃいましょうよ〜。故郷の良さを語る人の目には男も女も必ず惚れてしまいますから。

僕の落語を聞いた時もそうですよ。「面白いところは何にもない」などと嘆かずに自分なりに「正座した時の膝の角度が面白かった」とか「帰る時に足がしびれてよろついたのが面白かった」とかポジティブに見つけちゃいましょうね〜。うん、それは堂々と笑かせよ！

ⓜ 桃豚（鹿角市）

鹿角といえば『花輪ばやし』が有名です。秋田に来てたくさんのお祭りを見させていただきましたが、その華やかさで群を抜いていたのが鹿角の『花輪ばやし』でした。普段は閑静な鹿角花輪駅に軽快なリズムのお囃子が流れてくると物語の始まりを予感させられ心躍ります。一台また一台と絢爛豪華な屋台が入場してくるたびにどんどん明るくなっていき、十台の屋台が揃った時、そこには奇跡の世界があります。夢か幻かいつまでもいつまでもうっとりと眺めていたいきらびやかさ。真っ暗な駅前がネオン街のように華やかに輝きます。けどそれ以上に輝いてるのは皆さんの笑顔。屋台をひくもの、笛太鼓を鳴らすもの鉦を打つもの、皆が生き生きとしていてほんとにいい顔をしています。

聞きますと鹿角でも当然のように若者はどんどん都会に出て行き祭りの担い手は減ってるそうです。しかしこの祭りの日には必ず帰ってきて全力で盛り上げる。それは地元愛、祭り愛がいかに深いかを感じさせてくれます。先日、鹿角で仕事があり打ち上げで皆さんとお話をさせていただきましたが、花輪ばやしの話をする時の嬉しそうな顔といったらありません。

「オヤジがかっこよく見えたぁ」とか「花輪ばやしの日にケンカしたやつが今でも親友だぁ」とか「彼女と××したっすなぁ～」とか、「うちのジュニアは花輪ベイビーだぁ」とか、もうええわ！　と突っ込むまで出てくる出てくる思い出話が。中には「ちびまるこちゃんの花輪クンみたいなやつがクラスにおって…」と関係ないがな的な話も。子供の頃から祭りと一緒に育ち、祭りから色んなことを学んだ、全てが祭りとともに育まれた、その熱い思いごと祭りにぶつけてくれるからこそ、見る側は感動し勇気と元気をもらえるのでしょう。

また42歳で卒業というのもいいですね。男の哀愁を感じます。卒業した後は裏方として祭りを支えていく。祭りが終わった日には次の祭りの話で盛り上がる熱い男たち。いや～すったげかっこいいっすなぁ。何度も見たい祭りです。もっともっと宣伝してたくさんの方に見てもらいましょ～！　そして帰りに美味しい『桃豚』をお土産に買って帰ってください。僕は初めて食べた時の口の中でとろける感触と、甘味のあるジューシーな肉汁が感動的でした。今まで母親が「今日はトンカツやで～」と言って子供の頃から食べさせてくれてたものが、トンカツじゃなかったことが判明しちゃいましたからね。あれは間違いなくダンボールでした。

あと鹿角といえば大館と「きりたんぽ発祥の地はここだ」とゆる～いバトルを繰り広げてます。う～ん～この辺全体が発祥の地ではだめ？　仲良くしてくださいね（笑）。

㋝ セリオンタワー（秋田市）

秋田のスカイツリーとも秋田の通天閣ともいわれる秋田の象徴のようなタワーです。東京スカイツリーのように２０００円も取られません、無料です。また大阪の通天閣のように周囲にけったいな人はいません。10円玉を20円で売りつけてくるオッチャンも、立ちしょんするおばちゃんも、しょんべん小僧にしょんべんかけてるおっちゃんも、皿もって並んでるオッチャンもいません(炊き出しやないよ〜)。リモコンだけ１００円で売ってて「これ何動かすん?」と聞いて「何でもこれ一つで動くんや！　通天閣も動くぞ！」と鼻息荒げるオッチャンもいません。皆さん上品です。第一服着てますもんね。通天閣の周りで服なんか着て歩いてたらむしり取られますよ、って羅生門か！

パンツ一丁で歩いてて「どうしたんですか?」と聞かれ「いや、そこでパンツ拾ってん」と言うオッチャンもいません（裸やったの?）。とにかくお洒落で美しいスポットなんで県外から友達が遊びに来たら必ず案内しますね。僕はただいまは東京でも秋田お笑い大使として秋田の宣伝活動をしてますが、先日は東京のホテルで『秋田牛ブランド御披露目会』に参加させていただきました。都内でレストランやスーパーを経営してる方に、少しでも新ブランド秋田牛の美味しさを知ってもらおうという趣旨でトークをしてきました。

もう一方のゲストの加藤夏希さんは「初めて秋田牛を食べた時の柔らかく、とろける感触がまだ口に残ってます」とほんとに美味しそうに喋りお客様を感心させてました。僕のほうは自分で経験した秋田の魅力から喋らせていただきました。まず秋田は自然が美しく空気、水、お米が美味しい。この素晴らしい土壌で育った女性が秋田美人と言われるように、牛も美しく美味しく育ちます。お米が人間と同じように昼間はあったかく、夜は涼しいとこで育ったほうが美味しくなるように、牛も人間と同じようにストレスを感じない環境で育てたほうが美味しくなるんです。僕は義平福《よしひらふく》が全国和牛能力共進会で2位になった時、畜産農家の方にお話を聞きましたら「とにかく愛情を持って優しく育てるよう心がけてます」とおっしゃってました。

秋田県民の優しさは日本一です。その愛情に包まれ育った秋田牛はストレスが無いので「モォ～」なんて文句を言いません。「アンベイイナー」と笑ってます！　では最後に秋田牛とかけて超満員の飛行機と解く、その心は「機体（期待）がぎゅうぎゅう（牛牛）につまり、これから上昇していくでしょう～！」と自分なりに秋田牛をアピールすることが出来ました。ただ最後の最後で「そんな秋田牛が美味しくないはずがない」と言うつもりが「そんな秋田牛がまずくないはずがない」と言い間違えたことは国家機密扱いでお願いいたします（汗）。とにかく地味でも一歩一歩秋田の宣伝を頑張ります。

こないだはスカイツリーの前で「わあ～これが東京のセリオンタワーと言われてるやつかぁ～」と大声で叫んでおきました（地味すぎるわ！）。「セリオンタワーのほうが高いぞ～」と嘘もついときました（やめなさい！）。「セリオンタワーは0分待ちで登れるぞ～」とお得な情報も提供しておきましたよ（笑）。

す 諏訪神社（八郎潟町）

八郎潟町には個人的にもよく通い、大好きな町の一つです。とにかく町が穏やかで人間が優しいです。これは八郎潟に限ったことではないですが、秋田の皆さんは本当に優しいですね。怒ってる人を見たことないですもん。怒ってる人を見たといえば、ノーザンハピネッツの中村元ヘッドコーチくらいです（笑）。

その点、大阪なんかみんな怒りっぱなしですよ。対人間に怒ってるんやったら分かるけど、対無機物にも怒ってますから。自動販売機に「金返せ〜」と怒鳴ってるおっちゃんを何回見たか。しかもお金入れてもないのにですよ。自動販売機に千円札を何度も入れては戻ってきてを繰り返し「わしの金が受け取られへんのか〜」と叫んでるおっちゃん。マンションのロビーで点滅を繰り返す電球に「きれかけとるやないか〜！」と怒鳴るおっちゃん、電球はきれかけてるけどおっちゃんは完全にきれてますから。お巡りさん三人に羽交い締めにされてるオッチャンとか秋田では見たことないもん。

羽交い締めにされて「俺がなにしたんや～!?」って絶対なんかしてるからね。

「善良な市民に何すんねん～」って絶対善良な市民ではないから！

「お前らわしらの税金で食べとんねやろ～」って絶対税金払ってないからね。よう税金って言葉知ってたなぁ、なんて大阪ではよく見かける人（そうなん？）も秋田には一人もいません。最初に秋田の方優しいなぁと感じたのは、僕が秋田の本屋で小銭をばらまいてしまった時です。

もう皆さん一斉に拾うのを手伝ってくれましたねぇ。前に東京の羽田空港の売店で同じことをした時は誰一人手伝ってくれませんでしたもん。「かかわるとややこしい」と思ってるのかみんな素通りです。落語でグランプリをとったこともある僕をシランプリ（ベタですみません）です。大阪は拾ってはくれるけど、そのまま持って帰りよるからね(汗)。持って帰ろうとするおっちゃんに「おっちゃん、それ僕の小銭！」というと「あっ、これ兄ちゃんのんか、わしのにそっくり！」って当たり前やがな。

そんな穏やかな秋田の中でも八郎潟は特別にアットホームです。どこの飲み屋にいってもみんなが顔見知りです。飲みながら僕が「歯のかぶせが取れちゃったんですよ～」というと「よし、明日見てやろう」とたまたまいた歯医者の先生が言ってくれ、そこからしょっちゅう通うようになりました。昔から歯医者は怖いんです、あの削り機の「ウイーンー」という音だけで泣きそうになります。あれもうちょっと優しい音色になれへんのかなぁ。波の音とか小鳥のさえずりにするとか、無理なら『君が代』を流してほしいね、君が代なら「痛いけどお国のために我慢しよう」となるもんね。けど八郎潟の先生は優しく治療してくれ、治療が終わったら飲みに行くという繰り返しでした。

ですから八郎潟銀座は僕の庭みたいなもんです（笑）。ぜひ皆さん一緒に飲みましょう～。で帰りには芭蕉や蕪村の句碑もある諏訪神社に参拝して、僕の幸せを祈ってくださいね。

第二章　コラムあれこれ

今回の本は秋田魁新報さんの連載コラム「桂三若の秋田むちゃ修行」「あきたお笑い大使　桂三若珍道中」を加筆、修正しながら書かせてもらいました。ですが、時系列に読んでもらったほうが、その時々の気持ちが伝わり面白い部分もありますので、いくつか原文をそのまま紹介させてもらいますね。ネタやギャグ等が被ってる部分も多々ありますが、あえてそのままにさせてもらいました。ご了承くださいませ。

住みます芸人　秋田から笑いの渦

どうも皆さん初めまして、落語家の桂三若です。吉本興業の『住みます芸人』という企画で5月から秋田市に住んでいます。引っ越して1カ月、暮らすうちにどんどん秋田が好きになっていますよぉ。

まず空気がおいしい。仕事で大阪から戻り、秋田空港に降り立つと明らかに空気が違いますもん。もう何も食べずに生活できそう。そして、人が穏やかでのんびりしていますね。赤信号なんかきちんと守っていますもんね。大阪では青は進め、黄色はちゃっちゃと進め、赤は注意して進めやったから新鮮です（いつ止まるねん！）。

オートバイで走るには最高ですね。大阪では移動手段の一つでしかなかったオートバイが秋田では旅の相方です。風や空気、におい、美しい景観、雄大な自然を肌で感じながら県内を走り、仕事場までのちょっとした旅を楽しんでいます。4年前に秋田に立ち寄り、夜中に男鹿市のなまはげラインを走った時は怖かったですけどね。

いいなぁと思うのが皆さんの地元愛、秋田愛です。キラキラした目で秋田への思いを語ってくれる姿を見るたび、秋田へ来て本当に良かったと思います。

僕の頭の中は今、秋田でやりたいことであふれています。大曲の花火も竿燈まつりも角館の桜も見たいし、自分で畑をやってみたい。何よりもたくさんの落語会を開きたい。ちっぽけな一人の噺家《はなしか》ですが、「日本の笑いは秋田から」という意気込みで、秋田の人たちの笑顔が少しでも多く見られるよう秋田での武者修行ならぬ「無茶修行」頑張ります。

現在は毎晩午後10時からインターネット放送「ユーストリーム」で『YN秋田チャンネル〜桂三若のもう一杯分話そうぜ！』を配信しています。ぜひご覧ください。

（2011・6・24）

夢の共演　秋田県人の神髄見る

秋田で活動する目標の一つに、〝秋田三大スター〟の一人、バリトン伊藤さんとの共演がありました（あと二人は誰？）。

毎晩午後10時からインターネット放送「ユーストリーム」で配信中の『YN秋田チャンネル～桂三若のもう一杯分話そうぜ！』（皆さんのおかげで47都道府県で『住みます芸人』第1位になりました）では、「バリトン伊藤への道」というコーナーを作り、共演への思いを語ってきました。先日、ついにその夢を果たすことができました（早くない？）。

横手市のイベントでお会いしたバリトンさんはオーラがありながらとても気さく。一発でファンになっちゃいましたよ。

さらに、AAB秋田朝日放送で毎月第1、2金曜日に放送しているモンスター番組『ぷぁぷぁ金星』では、バリトンさんと、同じく秋田3大スターの一人、シャバ駄馬男さんとも共演させていただきました（三大スターのもう一人は誰？）。

番組のロケでは、ちょっと遅くに始まる五城目町の朝市や三種町のジュンサイ採り、男鹿市で海の家を営む名物おばちゃんへの訪問などいろんな体験ができました。

中でも〝秋田の通天閣〟と呼ばれる秋田市のセリオン展望台では、なんとも美しい秋田の風景にほれぼれしました。大阪の通天閣と全然違いますわ〜。靴の片方だけ売っているおっちゃんや10円玉を20円で売っているおっちゃんもおらんし、何よりみんな服着ているもんね（大阪ってどんなとこやねん！）。

どうしても僕は、カメラが回った途端に「はいどうも〜」とマライア・キャリーばりに7オクターブくらいトーンを上げちゃいます。しかし、バリトンさんとシャバさんは違いました。カメラが回っていてもいなくても、全く変わらず自然体でした。二人に秋田県人の神髄を見た気がしました。

（2011・7・22）

ネット番組配信　場所確保にも一苦労

秋田に来て1年。もうすっかり秋田が僕の故郷です。たまに地方の東京に行って(どっちが地方?)秋田に帰ってくるとホッとしますもん。皆さんも優しく声を掛けてくれますし。先日も大阪から秋田行きの飛行機に乗るとオッチャンがしゃべりかけてくれました。「あっ！　三若さん、どこ行くんですか?」って秋田やがな！「秋田です」と答えると「僕もです」って当たり前や！　ほのぼのします(笑)。

そんな秋田で1年間一日も休まずに続けていたことが一つだけあります。毎晩22時からの『YNN秋田チャンネル～桂三若のもう一杯分話そうぜ！』というインターネット番組です。

雨の日も風の日もドカ雪の日も毎晩ですから、配信場所の確保も大変でした。自宅やホテルはもちろんのこと、居酒屋や街中、車中や新幹線、バスの中やカプセルホテルからなんてのもありました。

東京では「酔っぱらいがわめいてる」と通報された後、おまわりさんに職務質問され、危うく連行されるとこでした（汗）。ホテルでは「隣の部屋でお経を読んでて薄気味悪い」なんて悲しすぎるクレームもありました。

そんなハプニングにも負けず1年間頑張れたのは「大好きな秋田をもっと全国にアピールしたい！」という熱いハートです。だって大阪で20人くらいで飲んでて「秋田の祭りって知ってるか？」と聞いて「竿燈まつり」と答えられた人が一人もいなかったんですもん。あんなに勇気と感動をくれる祭りを知らないなんて許せません。

21日からは毎週月曜に配信しています。優しく僕を受け入れてくれた大好きな秋田をもっともっと知ってもらうために、これからも一人で大声でしゃべり倒しますね！　皆さんも夜中にパソコンを通じてやかましいお経が聞こえたら一緒に拝んでくださいよ（いや！　違うよ～！）。

（2012・5・25）

県政広報番組　名所訪ねて熱い撮影

先日、ファミリーマート南通り店（秋田市）の開店イベントに着物姿で参加させてもらいました。ちょっとずつ皆さんに顔を覚えてもらえているのがうれしいですね。入り口で「いらっしゃいませ〜」とお客さまを出迎えていると、おばあちゃんが入ってくるなり僕の顔を見て「三…三…」と言ってます。僕が笑顔で「三若ですよ」と言うと、おばあちゃんは「いや…サン…サンドイッチはありますか？」って、「わしゃ店員かぁ！」と心の中で激しく突っ込みました。

同市の繁華街・川反ではおばさまに「応援してますよ〜桂三五八《さごはち》さん〜」って叫ばれるし（なに料理やねん！）。まだまだ修業不足ですね（笑）。

皆さんに顔と名前を覚えてもらうには、あっちゃこっちゃに出向いて直接触れ合うことが一番です。春から始まった県政テレビ広報番組『あきたびじょん＋《プラス》』はそんな僕の願いをかなえてくれるうれしい番組です。

秋田犬会館、小安峡、獅子ケ鼻湿原、武家屋敷、馬場目川…。今までなかなか行く機会がなかった秋田の隠れた名所を訪ねるのもさることながら、その土地の人たちにお会いして話を聞かせてもらえるのが何よりうれしいんです。

話していて皆さんに共通するのは「郷土愛」。自分の生まれ育った美しい自然をたくさんの人に知ってもらいたい、遊びに来てほしいという気持ちから熱い撮影になります。熱すぎてNGを連発するのもまた趣があります（笑）。

そして最後に必ずこう言ってくださいます。「この美しい自然を覚えといてくださいね。そしてまた必ず遊びに来てくださいね～さんぴゃくさん！」

おい～！　俺の名前も覚えてね～！　隠れた名所ともどもも隠れた三若もお願い致します。

（2012・6・22）

新春あきたびじょん＋

師匠の襲名　挑戦続け無技巧磨く

先日、秋田発の飛行機の入り口で、おじいちゃんが客室乗務員さんに「わしで最後だから…」と扉を閉めるのを手伝おうとしてました。なんともオモシロ優しい秋田県民！もちろんやんわり断られてましたけど（笑）。

本当に秋田に来てから優しくほのぼのした皆さんに包まれ、自分もどんどん優しい人間になっている気がします。だって、秋田に来ていまだに怒ってる人を見たことないですもん。大阪なんかみんな怒りっぱなしですよ。

対人間に怒ってるんやったら分かるけど、対無機物にも怒ってますから。自動販売機に「金返せ〜」と怒鳴ってるオッサンを何人見たか。しかもお金を入れていないのに。まぁそれが大阪人のパワーの源でもあるのですが。

そんな大阪で先日、私の師匠、桂三枝が六代文枝を襲名しました。思い起こせば、師匠に弟子にしてくださいとお願いし、「いらっ〜しゃ〜い」と言っていただき（言わへん

言わへん！）18年。ずっと師匠の背中を追い掛けてきました。

「無技巧の差こそが芸人としての差やぞ」と教えてくれた師匠。つまり、芸人はテクニックでない部分で差がつくということです。69歳になってもチャレンジすることをやめない師匠の情熱に、自分との無技巧の差を見せつけられたような気がします。

私も師匠に少しでも近づけるよう、大阪のパワーと秋田県民から学んだ優しさで無技巧の部分を磨いていきたいと思ってます。師匠、本当におめでとうございます。これからも新しい情報を世間の皆さんに伝える最先端の師匠でいてくださいね！　新聞に大きく「新文枝《しんぶんし》」と載ってた師匠ですから（笑）。

（2012・7・27）

魅力発信 県民全員が観光大使

県外に仕事で行かせていただいた時は頑張って秋田を宣伝し、秋田お笑い大使の使命を全うしています。給料はもらってませんが（当たり前や！）。先日も大阪で噺家《はなしか》仲間が20人くらい集まったので「秋田の祭りを知ってるか？」と聞きましたが、なんと竿燈まつりと答えられたのは0人でした。

それなのに、青森ねぶた祭は全員が答えられたのです。もちろんねぶた祭は素晴らしい祭りですが、竿燈まつりも僕は負けてないと思います。天に昇っていく稲穂が勇気と希望と感動を与えてくれます。

「それやのにこの差はなんなんやろう？」と考えました。よく言われるのが秋田県民はアピールが苦手だということです。中身はラテン系で秋田愛にあふれているのに、えふりこきですかしてしまう。まさにギンギラギンにさりげなく状態（古っ！）。どうしても内に秘めてしまうんですね。山菜の採れる場所にしても内に秘めて誰にも教えない。

家族にも教えないので一人で行って遭難してしまうという見事な負のスパイラル。もっとアピールしていきましょうよ～。捜索費用ももったいないしね（汗）。

秋田の美しい大自然は季節によってさまざまな顔を見せ、いつ行っても楽しめます。まさにオーケストラのように指揮（四季）によって魅力の変わる秋田をもっとたくさんの人に知ってもらい、たくさんの人に遊びに来てもらいたい。一度遊びに来れば秋田が大好きになることは間違いないねん！　だって僕がそうやねんから。

そこで僕は県民全員を秋田観光大使に任命しちゃいます。皆さん一人一人が責任をもって秋田の魅力を発信する使命を全うしてくださいね！　給料は払いませんが（笑）。

（2012・9・28）

収穫の秋　飽きぬ魅力たっぷり

「暑いねぇ～」から「涼しいねぇ～」を飛ばして「寒いねぇ～」になる秋田の冬がやってきちゃいました。今年も残念ながら秋物を着る機会はなかったです。「いや～食欲の秋、芸術の秋に八代亜紀です」というギャグは秋田では使えないっす（よそでも使っちゃだめよ！）。

まもなく雪が降ってくるのは恐怖ですが、秋田の豊かな自然に育まれたおいしいものをたくさん食べられる季節です。あ～、早くハタハタのブリコをじゅるじゅる～と吸いたいっす。

秋田の方はおいしい料理を出してくれても押し付けがましくないとこがすてきです。「これおいしいぞ～。ここでしか食べれないぞ～」なんて言いません。料理をボーンと置いて「け！」の一言です。こっちも「く！」と一言返し、口いっぱいにほおばれば完ぺきです。ニコニコ笑いながら頭をかいて「け」と言ってるはずです。

いつも食べてるお米。「こんなにおいしくて、こんなにもみんなを笑顔にするんだ〜」とあらためて教えてくれたのも秋田でした。

2年連続で参加させてもらった大曲農業高校太田分校の収穫祭。生徒と一緒に泥んこになりながら植えた稲が、半年たちホクホクのご飯になるのは感動と同時に感謝の気持ちがこみあげてきます。

この感謝の気持ちをもっと学ぶには、作り手の苦労をもっと知ることが大事だと思い、ことし4月から畑を始めました。太田分校のGLクラブさんに手伝ってもらい（ほとんど任せちゃったかも…汗）収穫したトマトやナスビのおいしかったこと。自分たちで作った野菜が誰かの食卓にあがり、そこに笑顔の花が咲く。きっと、作り手の皆さんはそれがあるからいろんな苦労に耐えられるんだろうなぁ。

いや〜、秋田の食べ物は秋田らしく、いくら食べても飽きない（秋無い）のが魅力なんでしょう！　チャンチャン。

（2012・10・26）

優しさ 寒い冬も心ポカポカ

おかげさまで、秋田に来て2回目のお正月を迎えられそうです。日常の生活で何げなく触れる皆さまの優しさに寒い冬でも心はポッカポカです。

車を出そうと雪かきしていると何も言わずに手伝ってくれるお姉さん。雪道で滑って転んだ僕に優しく手を差し伸べてくれるちびっ子(ちびっ子に助けてもらいなや!)。雪のわだちにはまり、にっちもさっちもいかなくなった僕の車を当たり前のように押してくれ、脱出できたのを見届けると、お礼を言う間も与えずに去って行くおっちゃんたち。どっからともなく現れ、どっからともなく去っていく姿はまさに正義の味方か、ババヘラアイス売りのおばちゃんのようです。

電車に乗ってても女子高生がごく自然におばあちゃんに席を譲る光景に、秋田県民の心に当たり前に根付く助け合い、譲り合いの精神を感じほっこりします。

そんな優しさの中でも一番うれしいのは「三若さん、秋田に来てくれてありがとう」と声を掛けていただくことです。先日も落語会の後、おばあちゃんが僕の手を握りしめながら何度も何度も「いがったす、秋田を盛り上げてくれてありがとうねぇ」と言ってくれました。延々と握りしめてくれたあったかい手に大きな喜びと、このままどこかへ連れて行かれる？　という一抹の不安を感じちゃいました（笑）。

ほんとにたくさんのことを学ばせてくれ、「おもてなしの精神」で僕を迎えてくれた秋田の皆さまに、２０１３年はいよいよ恩返しの年にします！　といっても僕にできることは落語だけですので、落語を通じて秋田の素晴らしさをアピールする１年にします！

その第1弾として1月20日に秋田市で『すったげよしもと！　爆笑ライブ』を開催します。アイドルマジシャン・ブラボー中谷さん、秋田育ちの漫才コンビ・ちぇすと力を合わせ、すったげ盛り上げますよ～。

（２０１２・12・28）

雪降る春は　大いに笑って健康に

やっと春になったはずですが、ちょいちょいびっくりするくらい寒い日がありますね。それを「冬に戻った？」と思わずに「ひょっとして次の冬が来た？　これは初冬？」とおびえてしまう僕ってまだまだ秋田ビギナーっすかね（笑）。

雪降る春の日なんて、なかなか風流なもんですよ。冬場、家にこもりっきりだった人たちもどんどん外に出て楽しいことを見つけてほしいです。秋田には素晴らしい大自然やおいしい食べ物がいっぱいありますので、雪寄せで蓄えたパワーを今こそ爆発させましょう！

楽しいことの一つに、落語鑑賞なんてのも加えてくれたら僕としてはうれしいもんです。落語の魅力はなんといっても気軽に見られること。大掛かりなセットはいらず、噺《はなし》家《か》がリュックサック一つ背負って行けばどこでもできます。そのリュックサックの中には「無限に広がる笑宇宙」を生み出すアイテムが全て詰まってるのです（大げさか？）。

そして罪なく笑える。落語は人を傷付けたりおとしめたりする笑いではなく、日常から生まれる共感や、時代が流れても変わらない普遍性（例えば親子の情や夫婦の絆など）をテーマに作られてます。ですから後味の悪い笑いではなく、心地よくほのぼのした笑いが生まれるのです。

よく言われることですが笑うことは本当に体によく、ＮＫ（ナチュラルキラー）細胞が活性化されてがん細胞を抑えてくれるそうです。僕が秋田に来て2年たつのに、まだ秋田ががん死亡率の上位にいるのは寂しい限りです。

ぜひ僕の落語を見に来てください。絶対に大いに笑って健康になって帰ってもらいますんで。

ただもし笑えなくても、会場に足を運ぶだけで「足腰が鍛えられた」と前向きな気持ちが生まれ、健康につながることも忘れないでね（笑）。ぜひ来てたんせ〜！

（２０１３・４・26）

秋田の子供　たくましい「創造力」

秋田に来てからたくさんの小学校で落語をさせていただいてます。会場は体育館です。夏はびっくりするほど暑い中でより暑苦しくなるような落語を、冬は凍えるほど寒い中で凍ってツルツル滑るような落語をするよう心掛けてます（せめて逆にしたげて！）。たまに統廃合で『さよなら○○小学校記念落語会』なんてあると、笑かしていいのかどうか、おセンチな気分になります（笑かしていいはず）。そう、子供が減ってるんです。

でも素晴らしいのは全国学力トップレベルを維持してること。落語をしてると「賢いなぁ～」というのが本当によく分かるんです。

落語は頭の中でイメージを「創造」して笑うものですから、大いに笑ってくれてる秋田の子供たちを見てると創造力が豊かなのを感じます。感想文なんかでも小学1年生が「落語というのは頭の中でそうぞう（創造）して、それを絵に描いて笑いに変えるというのがよく分かりました」なんて、天才ちゃうのん！　と度肝を抜かれるようなのが送られてきます。

他県の小学1年生が「らくごは動物園で見たのと違って背中にコブが無かった」と送ってきたのとレベルが違いすぎます（それはそれで面白いけど）。

創造力は全ての源です。将来はこんな仕事がしたい、なんていうのも全て創造から始まるわけですから。秋田の子供たちが将来の秋田をこうしたいと創造してくれる。すごく明るい未来が待ってるような気がしませんか！　そして「秋田で育った子は賢いから子供は秋田で育てようよ！」なんてなると素晴らしいなぁと思います。

そのためにも親御さんはダイヤの原石である子供たちの創造力がより豊かになるようにしてあげてくださいね。あっ、ちなみに落語は創造力の教科書と言われてるので、落語を見るといいそうですよ〜ちなみにですが（笑）。

（2013・11・22）

秋田に住み3年　素晴らしさ伝える番

秋田に住ましていただいて約3年。こんなに秋田が大好きになるとは自分でもびっくりです。とにかく人が優しいです。怒ってる人を見たことないですからね。怒ってる人を見たといえばノーザンハピネッツの中村ヘッドコーチくらいです（笑）。

どこに行ってもニコニコ笑顔で「頑張ってくださいね」と声を掛けてもらい、パワーをもらってます。先日はまちなかでおばあちゃんに「秋田に来た時からずっとファンなんです」と言っていただきました。固く握手をしながら、ありがとうございますと答えると「ファンなんで…名前を教えていただけますか？」と仰天発言！　本当にファンなのか不安になる驚がくエピソードも、天然でかわいい秋田のアバならではでほっこりするんですね。

最近は「秋田を離れちゃうんですね。寂しいです」とたくさんの方に言っていただきます。決して秋田を離れるんではないですよ。

3年間で皆さまから秋田の素晴らしさをたくさん教わりました。次は僕が秋田の素晴らしさを秋田お笑い大使として全国の皆さまに伝える番だと思ってます。ですから東京や全国での活動も増やしながら秋田の宣伝をして、一人でも多くの方に「一度、秋田に遊びに行こうか！」となってもらえるように頑張ってきます。

それに僕が目指すのは日本一の噺家《はなしか》です。僕は自分の師匠、文枝が日本一の噺家だと思ってます。まだまだ師匠の下で勉強させていただきたいことがいっぱいありますので、東京でもっと落語の勉強にも精進してきますね。

もちろん秋田でのお仕事も続きますし、おうちもありますのでいつでも落語で呼んでくださいね～！　どんどんレベルアップした三若落語を披露しちゃいますから。

こまちでの移動が多くなると思いますが、後ろ向きにやって来る前向きな僕の勇姿にご期待ください～！

（2014・3・28）

落語とお酒　順番間違えないでね

皆さんお元気ですか？

僕は元気に東京―秋田を飛んでますよ…うさぎ跳びで。相変わらず秋田でたくさん落語会をさせていただいてます。

先日は秋田市寺内の焼き鳥屋『はしもと』さんで落語会がありました。楽しみは終わってからの打ち上げ。お客さんと一緒に焼き鳥を食べ、落語の感想を聞いたり、秋田の魅力を語り合ったり。帰りには皆さん「いや〜本当に楽しかったです、打ち上げが」と言ってくれます（落語は〜？）。

本当に秋田の方はお酒が好きで、落語を見ている時はしょしがって下を向いて笑ってた人が、飲むと一気にはじける。僕の大好きな川柳で「胸襟を開く薬を酒という」というのがありますが、秋田のおいしいお酒がそうさせてくれるのですね。

落語会と宴会のセットは楽しいことだらけなので、ドンドン声を掛けてくださいませ。

ただ順番は間違えないでくださいね。前に一度あったんです、宴会の後に落語会というパターンが。

　これは大変。午後6時ぐらいに宴会が始まり、飲み放題だったので「もと取らなぁ～」てなもんで、落語が始まる8時には皆さんもうベロベロ。僕が舞台に座る前に目が据わ(座)ってます(汗)。

　そして酔っ払ったオッチャンが大声で僕に「師匠は誰や～結婚してんのか～」。僕も最初は返事をしてたのですが、話が前に進まないので無視することにしました。するとオッチャンは寂しくなったのか、今度は横のオッチャンに大声で「こないだ行ったスナック、良かったぞ～」。お客さんは皆そのオッチャンの話を聞き、誰も僕の話を聞いてません(涙)。

　えらいことなってきたなぁ～と思ってると、今度は違うオッチャンが立ち上がり、その酔っ払ったオッチャンに「お前の話を聞きに来たんやないぞ～落語を聞きに来たんや～!」と大声で怒鳴りつけ、今度はそのオッチャンの話をみんなが聞いてるという無間地獄。刺激的すぎる一日でした。

　楽しく落語を聞いてから楽しくお酒を飲む、やっぱりこれが一番！　そのために主催者の方には段取りや舞台作りなど、前もって骨組みを作ってもらうのが大事なわけです。やはり落語もお酒も工事（麹《こうじ》）が命ということで、チャンチャン。

（2014・5・26）

第三章　東奔西走の日々

――記事の中の桂三若――

【秋田魁新報記事より】

「秋田から日本元気に」

東京、吉本興業が「住みます芸人」セレモニー　三若さんが抱負

吉本興業が所属芸人を47都道府県に住ませる「地元に住みます芸人」の引っ越しセレモニーが13日、東京・新宿などで行われた。本県に引っ越すことになった落語家桂三若《さんじゃく》さん（41）は「秋田ネタで、秋田から日本を元気にしたい。骨を埋めるつもりで行く」と抱負を語った。

三若さんは神戸市出身。桂三枝さんの弟子で、２００１年にＮＨＫ新人演芸大賞を受賞。07年にはバイクで落語全国行脚の旅を行い、本県でも大館市や大仙市など各地で公演した。

「大館市の民家で、朝食にごちそうになったきりたんぽ鍋などが思い出。人間の温かい秋田が一番」と三若さん。師匠の三枝さんからは「礎を築くまで帰ってくるな」と言われたといい、「多くの人と触れ合いながら落語の魅力を伝えたい。秋田に落語の〝小屋〟をつくりたい」と話した。

16日から秋田市に単身赴任する。秋田県担当社員の戸部春華さん（25）＝秋田市出身＝とともに活動し、地域の魅力や話題をネットを通じて発信する予定。

（2011・5・14）

「笑いで秋田を元気に」と語る桂三若さん（右）と秋田県担当社員の戸部さん＝東京・新宿の吉本興業東京本部

吉本興業「住みます芸人」で秋田市に引っ越した桂三若さん
軽妙な語り口、旬の情報紹介　生中継、ネット放送開始

吉本興業が全国に所属芸人を住ませる「地元に住みます芸人」の一人で、今月秋田市に引っ越した落語家桂三若さんが、インターネットを使った生中継サービス「ユーストリーム」で番組配信を始めた。秋田の街で拾った新鮮な話題を軽妙な語り口で紹介しており、「生活の中で気付いた旬の情報を伝えたい」と意気込んでいる。

「YNN」(吉本ネタネットワーク)と名付けられた番組は、毎日午後10時から約1時間の生中継で16日にスタート。47都道府県に住む吉本芸人がスマート

スマートフォンを使って番組を中継する桂三若＝秋田市の自宅

フォンの動画撮影機能を使い、自ら撮影、配信している。

秋田チャンネルを担当する三若さんは神戸市出身。桂三枝さんの弟子で、2001年にNHK新人演芸大賞を受賞した。

番組は短文投稿サイト「ツイッター」などとも連動しており、早速視聴者から能代港まつり花火大会（能代市）のマスコット名が「さんじゃくん」という情報が寄せられた。三若さんは「ぜひ共演してみたい」と笑顔を見せた。

三若さんは07年、バイクで落語全国行脚の旅に出て大館市や大仙市などに立ち寄った。その際、地元の人たちの親切が忘れられず、本県を志願したという。「子どもからお年寄りまで多くの人に自分の落語を聞かせたい」と三若さん。番組を通じて秋田の人に存在をアピールしたい考えだ。


（2011・5・23）

秋田市でＳＪＫ劇場本格始動
桂三若さん、「落語の面白さ発信したい」　赤字覚悟、手作り寄席

吉本興業が全国に所属芸人を住ませる「地元に住みます芸人」の一人で、今年5月から秋田市に住む落語家の桂三若さんが、同市大町に落語専用の「ＳＪＫ劇場」を開設、秋田の落語ファンを沸かせている。今月の落語会は16、20、29日の3回。三若さんは、多くの人に得意のネタを披露しようと張り切っている。

１９９４年に桂三枝さんに弟子入りした三若さんは、同市に移り住んでからも県内外の寄席に出演し、話芸に磨きをかけてきた。

本県に落語専用の劇場がないことから、秋田に移り住む前から劇場開設を目標にしていた。待望のオープンは8月下旬。かつてブティックが入居していたマンション1階のテナントを自腹で借りた。客席は20人も入れば満員になる広さで、ファンの協力を得て手作りの長椅子を用意した。劇場名は三若さんの名前にちなんだ。入場料はわずか

５００円。赤字覚悟の価格設定は、誰もが気軽に訪れてほしいという本人の熱意の表れだ。

そのかいあって、桂三風さんら兄弟子を迎えて開いた落語会は2回とも満席。31日は「寝床」を披露し、男鹿や象潟、川反など自ら足を運んだことのある県内の地名を織り込み、観客を笑わせた。

劇場としてだけでなく、毎晩10時からはインターネット放送「ユーストリーム」の番組「YNN秋田チャンネル～桂三若のもう一杯分話そうぜ！」のスタジオとしても活用。三

秋田の話題を取り入れて落語を披露する桂三若
＝2011年8月、秋田市大町のSJK劇場

若さんは「小さな劇場だが、住宅街ではないので周りに気兼ねせず自由に使える空間。ここから落語の面白さを発信したい」と話している。

（２０１１・９・16）

新聞週間特集

［落語家・桂三若さん］

《秋田市拠点に活動／ネット番組で連日、記事紹介》

「秋田は日本の中心！　秋田ニュース！」。5月中旬から秋田市を拠点に活動している落語家桂三若さん（41）は、インターネット放送「ユーストリーム」の自身の番組に「秋田ニュース」のコーナーを設け、ほぼ毎日、その日目に留まった秋田魁新報の記事を全国に紹介している。「新聞は地域の話題が豊富。切り抜いて記録として残せる点でも優れている」と、新聞の魅力を語る。

三若さんは、吉本興業が所属芸人を全国に住ませる「地元に住みます芸人」の一人。ユーストリームで毎日午後10時から、「YNN秋田チャンネル〜桂三若のもう一杯分話そうぜ！」を放送中。

「秋田ニュース」で取り上げるのは、主に「県北」「県南」「県央」「秋田市」の地域面に掲載された記事。県内各地の話題やイベントなどを、地域の偏りがないように紹介している。「秋田のネタを仕入れるには新聞が一番。一つ一つの記事からは、そこに住む人たちの頑張りや、その場の情景が伝わってくる」と話す。

三若さんが特に注目しているのは、社長の公募を行った由利高原鉄道の話題だ。「社長になりたい人を全国から公募して、新しい経営で赤字を少しでも減らそうという発想が面白かった」と振り返る。社長公募の記事以来、同鉄

新聞に目を通し、気になる記事を探すのが日課の桂三若さん＝秋田市大町のSJK劇場

道の話題は逐一紹介し続けており、「微力ながら自分も力になりたい」とエールを送る。

小学生の時から日常的に新聞を読んでいるという三若さん。新聞を読むことが健康のバロメーターでもあるという。「落語家は体が資本。毎朝じっくり新聞を読めることは健康の印だし、新聞を読んで自分で考えを巡らすことは、理解力や想像力を鍛えるのにも役立つ」と話す。

三若さんは、落語家桂三枝さん（68）に弟子入りして以来、今でも自分が紹介された記事を切り抜いて保存している。「イベントを開くと、新聞のお知らせ記事の切り抜きを頼りに来場する人がいて、新聞の発信力を実感する」

三若さんは、ユーストリームの番組で県内ニュースを全国に紹介している

２００７年、バイクで落語全国行脚の旅をした際は、落語会を開いてくれた各地のファンから記事が送られて来た。三若さんは「活字で残る新聞は、記録という意味でも一番優れたメディアだと思う。今でも、自分の昔の記事を取り出して読み返すことがありますもん」と笑った。

（２０１１・10・15）

「成長した姿見てほしい」
「住みます芸人」日本一の落語家・桂三若さん
由利本荘市で師匠・三枝と「親子会」

先月下旬に吉本興業の「住みます芸人」日本一である「日本元気大賞２０１２」に輝いた落語家・桂三若さん（42）。29日には、由利本荘市文化交流館カダーレで師匠の桂三枝さんとの初の「親子会」に臨む。このほど秋田魁新報社を訪れた三若さんは「秋田での日々の積み重ねで（大賞を）受賞できた。親子会では、夏に六代目桂文枝襲名を控える師匠や来場者に自分の成長した姿を見てもらえるよう頑張りたい」と語った。

三若さんは昨年5月から、笑いで地域を元気にしようと企画された「住みます芸人」として秋田市で暮らしている。元気大賞受賞は、自前の劇場「ＳＪＫ劇場」での寄席開催に加え、秋田魁新報へのコラム執筆など幅広い活動が評価された。

「受賞は県内の皆さんのおかげ。自治体や各種団体に落語披露の場を設けてもらうなど、こつこつ活動を続けることができた結果。今後も他の住みます芸人の見本になりたい」とさらなるステップアップを口にする。「三枝師匠からは秋田に来てからも、電話でたくさんのアドバイスを頂いている」という。

それだけに親子会への思いは強い。これまでも三枝さんと寄席で共演してきたが、親子会という形で名前が並ぶのは初めて。

「日々の積み重ねで大賞をとることができた」と語る三若

三若さんが三枝さんの落語を初めて見たのは、大学時代の1993年。当時、落語家になることを決め、誰かに弟子入りしようと〝就職活動中〟のことだった。「高座に登場した瞬間にオーラを感じ、カッコよかった。すぐに弟子入りしたいと思った」と振り返る。

翌94年、晴れて弟子入りできたものの「最初は緊張する存在だった」。それでも、そばで話芸を磨く中で、何にでも興味を持ち、芸につなげるという姿勢を学んだという。「師匠と並ばせてもらえることはとても光栄。何よりも師匠に秋田に来てもらえることがうれしい。脂が乗った師匠の落語を堪能してもらいたい」と話している。

（2012・4・6）

〈ナニワなくとも秋田〉落語家・桂三若の1年（上）
ネット番組　県内の話題、毎日配信

お笑いによる地域活性化を目指す吉本興業は昨年、全国47都道府県に所属芸人を住ませる企画「住みます芸人」を始めた。本県に来たのは、芸歴18年の落語家・桂三若さん(42)。秋田市を拠点に活動し、全国に秋田をアピールしている。秋田に住んで1年、三若さんの活動を振り返る。

「夕方の飛行機で秋田に来ました。（秋田は）意外とあったかいですね」

三若さんは秋田市にやって来た昨年5月16日、その夜からインターネット番組「桂三若のもう一杯分話そうぜ」の配信を開始した。晩ご飯を食べに飛び込んだ飲食店からの放送だった。

それ以後、毎日午後10時から1時間の生中継を続けた。スマートフォン（多機能携帯

電話）の動画撮影機能を使って自ら撮影、配信した。

1日の活動を伝える「今日の三若」、本県の話題を新聞記事から選んで紹介する「秋田ニュース（住みますジャーナル）」、視聴者にお題を出して放送中に寄せられた答えを披露する「エブリデェ大喜利」など、この1年で立ち上げたコーナーはおよそ50。「住みますジャーナル」は好評で、全国の統一コーナーにもなった。三若さんは「番組を途中から見る人も楽しめるよう、コーナーを細切れにしてテンポ良く進行することを心掛けた」と話す。

コーナーを次々と展開していくためには、日

本県の話題などをインターネット番組で紹介する三若さん＝秋田市大町のSJK劇場

ごろからのメモが欠かせない。三若さんが常に持ち歩いているノートには、番組などで話すためのネタや話題が小さい字でびっしり。配信が始まる20分前になると、ノートを読み返し、その日の番組構成を組み立てる。

秋田への赴任直後から「1年間は何が何でも毎日配信する」と強い決意を口にしてきた三若さん。移動中の夜行バスや秋田新幹線の中でも配信を決行、ホワイトボードに文字を書いて画面に映す無声配信にも挑戦した。ネット配信は全国の住みます芸人が取り組んだが、一日も休まなかったのは彼だけといわれている。丸1年を迎えた今月16日を機に、番組は毎日から週1回（月曜）に切り替えている。

配信開始当初は1日20～30人だった視聴者数も、現在では100人を超える日もしばしば。ことし1月末から3月中旬までは43日連続で「住みます芸人」の番組視聴者数ランキング全国1位を獲得した。

次々とコーナーを繰り出していく〝三若スタイル〟は他県に赴任した芸人たちの番組作りの参考にもなっている。

三若さんと一緒に番組配信した経験のある宮城県在住のコンビ「おくとぱす85」の親方こと椛島《かばしま》淳史さん（26）は「コーナーをどんどん作っていけば、ショートコントや一発ギャグなどイベントの場でも活用できることが分かった」と話す。

こういった取り組みは、ことし3月の住みます芸人日本一である「日本元気大賞2012」の受賞にもつながった。

三若さんは「同じ時間から毎日配信するのは正直つらかったが、多くのファンと知り合うこともでき、いい経験になった」と話している。

（2012・5・20）

〈ナニワなくとも秋田〉落語家・桂三若の1年（中）
落語専用劇場　披露する場、自ら開拓

「出ばやしを鳴らしてみてください」「ＯＫで～す」。落語家・桂三若さん（42）は先月29日、由利本荘市文化交流館カダーレの観客のいないホール客席に立ち、声を張り上げていた。

師匠桂三枝さん（68）との初めての親子会はもう3時間後。最終確認は会場の広さやマイクの調子、照明の明るさなど細部に及んだ。「実力以上に面白いことは話せない。最善を尽くすために当日の会場確認は大事だと思う」。落語会には、県内外から愛好者約千人が駆け付け、師匠と弟子の共演を堪能した。

三若さんは昨年5月に秋田市にやって来てから、県内だけで１５０を超える場所で落語を披露してきた。民間企業、商工団体、小中学校など依頼先は多様。会場の大小はあるが、三若さんの落語を聞いた観客は延べ1万8千人にもなる。「ありがたいことに、さ

まざまなところから声を掛けてもらっている」

その一方で「大阪にいた時に比べ、落語を披露する機会は減った。でも、移動時間を考えると物理的には難しいのかもしれない」とも語る。

もっと多くの人に落語を聞いてほしい―。そんな思いから三若さんは昨年8月、本県居住時の目標に掲げた落語専用劇場「SJK劇場」を同市大町の空き店舗内に開設した。一般の人たちがぶらっと気軽に立ち寄り、落語を楽しむことができる前線基地だ。月3、4回寄席

観客千人を前に落語を披露する三若さん＝由利本荘市のカダーレ

を開いている。

また、同10月からは同市のねぶり流し館で、「秋田情熱ひとり会」と題した落語会もスタートさせた。2カ月に1度の取り組み。会場に呼ばれて話芸を披露するだけでなく、主体的に落語を披露する環境を自ら開拓してきた。

「SJK劇場は、初出しや作りたてのネタがどのくらい受けるかを試す勉強の場で、情熱ひとり会は、話芸として聞いてもらえるネタを披露する場。秋田では初めて落語を聞く人も多いから、分かりやすいネタを披露するように心掛けている」と説明する。

三若さんが高座にかけるネタは約100。落語の練習はいつも移動中などの空いた時間に行っており、本番のように正座して行うものや、ネタを早口で繰り返し口ずさむこと、言葉の入れ替えなどさまざまだ。「稽古するたびに新しい発見がある。創造することをやめたら落語家は終わりだと思うし、工夫することを考えたい」と強調する。

「無理に笑かす必要はない。面白くなくていいから『いい兄ちゃんやな』と思わせた方が得だ」。若いころに三枝さんから言われた言葉を今も心に刻んでいる。

これからはメリハリの効いた優しい落語を披露していくことが目標だといい、「そのために何より大事なのは人間性。秋田の人から毎日、優しさを教えてもらっています」

（2012・5・21）

〈ナニワなくとも秋田〉落語家・桂三若の1年（下）
地域密着　芸の力で本県元気に

昨年7月、桂三若さん（42）＝秋田市在住＝は、県の「秋田お笑い大使」に委嘱された。佐竹敬久知事から委嘱状を受け取って「公務員になるということですか」とおどけた後、一転、真顔で「全国に秋田の良さを発信していく」と語った。

秋田お笑い大使は、県が特別に設けたポジション。三若さんは、県内外のイベントやテレビ、ラジオ番組などに出演するたびに本県の観光、食、文化、自然など、自らが触れた秋田の魅力を自分の言葉で発信している。

そもそも三若さんの赴任地は、本人が事前に出した希望が通ったものだ。希望したのは、2007年にバイクで落語全国行脚の旅を行った際に「秋田の人の温かさに触れたから」（三若さん）。

全国行脚の際、県内では大仙市や秋田市、八郎潟町、大館市など計6回落語会に出演。

その時知り合った人脈が、秋田市〝赴任〟後の財産となっている。

五城目町の自営業、北島弘宇《こう》さん（52）もその一人。来月の開催も含め計3回、落語会を企画している。「三若さんが来るまでは、落語は敷居の高い芸だと思っていた。三若さんの落語を生で聞くたびに、身近な楽しみなんだと感じている」と語る。

また、三若さんの活動を通じ、落語に興味を持ち、好きになったという人も少なくない。そんなファンと三若さんが交流を図る機会も増えている。秋田市の会社員、藤原千《ゆき》豪《ひで》さん（30）は「三若さんが

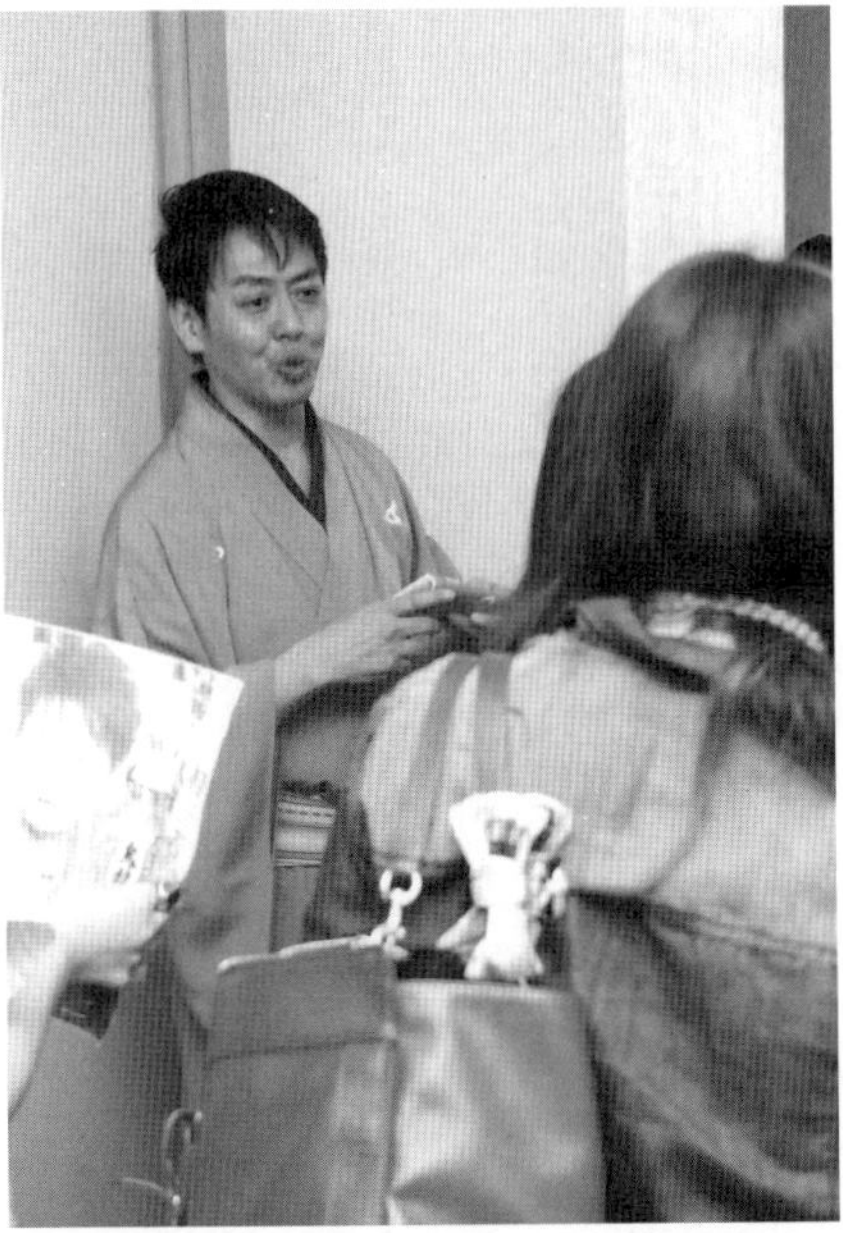

落語会終了後、観客と言葉を交わす三若さん
＝秋田市大町のねぶり流し館

きっかけで新しい友達ができた。これからもつながりを大切にして活動を支えたい」と話す。

「住みます芸人」を企画したよしもとクリエーティブエージェンシー（東京）の泉正隆常務（54）は「芸の実力で話題づくりができている三若は、住みます芸人の成功例。本人の知名度も上がってきており、秋田のＰＲに多少なりとも貢献できているのではないか」と語る。

三若さんと昨年から活動を共にしてきた同社の本県エリア社員、戸部春華さん（26）は「これまで以上に秋田の力になれるよう頑張りたい。企画力を磨いて三若をもっと売り出したい」と意欲を見せる。

「秋田の活性化に役立つ活動をずっと続けていくことが、住みます芸人や委嘱を受けた秋田お笑い大使の本質」と強調する三若さん。今後は、落語に注ぐ時間を増やし、秋田市外での活動にも力を入れたい考え。同市大町の専用劇場「ＳＪＫ劇場」で1年間毎日配信してきたインターネット番組を、21日から毎週月曜の配信に減らしたのは、そういった思いからだ。

「県内にはまだ行けていない場所がたくさんある。どんどん出掛け、もっともっと多くの人と出会い、秋田を明るくしていきたい」

（2012・5・22）

着任から約3年、県内に笑いと元気
吉本住みます芸人・落語家の桂三若さん　3月〝卒業〟、東京修業へ
「秋田の皆さんに感謝」

吉本興業の「住みます芸人」として本県で活動してきた落語家桂三若さん（43）が、来月末で住みます芸人を〝卒業〟することになった。4月から東京に拠点を移す。本人が21日、県庁での会見で明らかにした。2011年5月に着任して以来、落語会や各種イベント出演は約800回。日々、県内のどこかに笑いと元気を届けた。

会見に臨んだ三若さんは「師匠（桂文枝さん）の元を離れて3年。師匠にまだまだ教えてもらわないといけないことがある。東京の劇場で修業し、落語の腕をもっと磨きたい」と秋田を離れる理由について話した。

住みます芸人は、吉本興業がお笑いによる地域活性化を目的に、所属芸人を全国各地

に住まわせるプロジェクト。三若さんはその第1期として大阪から秋田市に移り住んだ。

秋田在住と同時にインターネットで自分の番組を配信し始め、11年8月には同市大町の空き店舗に自前で落語専用劇場（SJK劇場）を開設、落語になじみの薄い県民が気軽に楽しめる機会をつくった。三若さんの知名度は独自の取り組みが実り、徐々に上がっていった。

　声が掛かれば県内各地に出向いて落語会を開催するなど積極的に活動。こうした取り組みが認められ、12年3月には住みます芸人の日本一を決める「日本

会見で秋田での活動を振り返る桂三若さん

元気大賞2012」に選ばれた。13年からは県内25市町村を回る落語ツアーを企画する一方、各種イベントに呼ばれる機会も多くなった。

日々芸を磨こうとする三若さんの真摯《しんし》な姿に触れ、応援する人も増えた。五城目町の自営業、北島弘宇《こうう》さん（54）もその一人。これまで三若さんの落語会を八郎潟町で5回ほど企画している。「三若さんは地元ネタをたくさん使ってくれた。開演前に楽屋で地元の商品名などを私たちに取材し、すぐ芸で使っていた。秋田の人を大事に思ってくれていることが分かった」と話す。

秋田での2年9カ月について三若さんは「お年寄りには大阪弁をあまりきつくせず、ゆっくりしゃべる気遣いが大事なこと、ご当地ネタを適宜入れるとより楽しんでもらえることを学んだ」とし、「元気大賞を受賞したのも秋田の皆さんのおかげ。いつも温かく迎えてくれた秋田の人の『おもてなし精神』に感謝している」と語った。

さらに「呼ばれればすぐ秋田に来るので、今後もよろしくお願いします」。

11年から県の「秋田お笑い大使」を務めてきた三若さん。会見では県観光文化スポーツ部イメージアップ推進室の成田光明室長が「秋田を明るくしてもらった」と謝辞を述べる場面も。東京でも引き続き本県PRに努めてもらおうと、大使の新しい名刺が三若さんに贈られた。

芸歴20周年の今年は全国20カ所での独演会を計画しているという。三若さんは「秋田のことをいっぱい宣伝してきます」と話した。

三若さんが11年6月から月1回連載している本紙「桂三若のあきた無茶修行」や、県内のテレビ、ラジオのレギュラー番組は4月以降も継続する予定。

《「いつか笑点の司会を」／芸人仲間、活躍を期待》

桂三若さんの住みます芸人〝卒業〟に対し、県内の芸人仲間からは、三若さんへの感謝や東京での活躍を期待する声が聞かれた。

美郷町のマジシャン、ブラボー中谷さん（52）は三若さんが秋田に来た直後から交流し、三若さんのイベントにも多く出ている。県民が気付かない秋田の良さを県外目線で次々と言うことに刺激を受けたという。「幼稚園、学校、公民館など細かく回って落語ファンの底辺を拡大したのはすごい」と話し、「三若さんがテレビ番組『笑点』の司会を務めることを期待している」と話した。

三若さんに次ぎ、2012年5月から本県の2代目住みます芸人として活動している秋田市出身のお笑いコンビ「ちぇす」の長谷川瞬さん（33）は「関西から本格的な落語家が来たことで、秋田に落語を見る文化が根付いた。（住みます芸人として）三若さんに近づけるように頑張りたい」と話した。

（2014・2・22）

【「郷」インタビュー】落語家　桂　三若さん

落語は誰でも楽しめる、罪のない芸。
一生やっても飽きないと思った。
「生」が一番ええから、
気軽に聞きにきてください。

ものすごい引力。彼が高座に上がった瞬間から目が離せない。

いくつもの声色、表情、しぐさを使い分け、その身ひとつで瞬時に噺《はなし》の世界をつくり上げる。見る人はぐいぐい引き込まれ、気付くと頬が痛くなるほど大笑い。

多趣味だが「ひとりで読書する時間が一番好き」とのこと

強力な笑いの磁場を生み出す、この迫力と引力が上方落語だ。

本県では、笑いで地域を元気にしようという趣旨で企画された吉本興業の「住みます芸人」プロジェクトでおなじみだろう。秋田在住2年目、「会いに行ける」落語家である。生粋の関西芸人だが、どんな縁で秋田に来ることになったのか、その点と線をたどってみよう。

落語は「一生もの」

出身は神戸市。「小さい頃はいかに目立つかを常に考えてるような子だった」。野球などのスポーツが好きな一方で、かなりの読書好きな一面も。落語家にとって「リズム」や「想像力」は大切なものだというが、そういった生来の筋の良さは、将来進む道への伏線だったのかもしれない。

大学生になるまでは、落語の「ら」の字も知らなかった。「ある時構内でたまたま見かけた、古典落語の『道具屋』がびっくりするくらい面白くて」落語研究会に入会。古典落語を懸命に練習する傍ら、創作落語もつくり始める。

「僕は〝いっちょかみ〟言うて、いろんなことかじるけどすぐに飽きてしまう性なんですよ。でも落語は違った。二度と同じ舞台がなくて奥が深い。一生やっても飽きないと感じました。その時のテンションが今でもキープできているから、いろんな商売ありますけど、僕にはこれ（落語）だけやったんやと思います」

夜10時から配信していたユーストリーム番組「ＹＮＮ秋田チャンネル　桂 三若のもう一杯分話そうぜ！」は、秋田の「旬ネタ」満載。秋田弁も飛び出す

修業、独り立ち、そして

大学卒業後に、桂三枝に弟子入り。「就活」と称して見に行った舞台で即決したという。「師匠が袖から出てくるだけで会場の空気が前のめりになるんです。華があってかっこよかった」

上方落語界では、修業期間は約3年と決まっている。その間、休みもプライベートもなし。車の運転、師匠の身の回りの世話、礼儀作法、着物の扱い方、そしてネタ…落語家として必要なものをすべて教わるという。

1997年晴れて「三若」の屋号をもらい独り立ち。2001年「NHK新人演芸大賞」大賞受賞。2005年「大阪文化祭賞」奨励賞受賞。華々しい経歴が並ぶが、独立後しばらくは、師匠の独演会の前座のほかは、結婚式の司会やバラエティー番組への出演が中心だったという。

「着物よりタキシード着てるほうが多かったんちゃうかな。当時は大阪に寄席小屋もなかったし、小さい喫茶店借りて月に2、3度落語できればいいほうで。器用なこともあって、落語以外でも仕事いただいて収入は増えていったけど、だんだん何か溜《た》まってきて」

そして、ある決断をする。

落語とバイクと旅

「落語以外はせえへん」

2007年、ほぼすべての仕事を断って、住居も引き払いバイクで日本一周の旅に出た。持ち物は寝袋、パンツ、落語。「全国落語武者修行ツアー」と銘打ったそれは、行き当たりばったり、飛び込みで落語会を開き、その収入で旅を続けていくというもの。

「舞台とお客さまがいればどこでもいきます」を合言葉に、ある時はバーカウンター、ある時は病院のベッドの上で、47都道府県で落語を披露すること471回。

「秋田で行ったのは由利本荘、大仙、八郎潟、男鹿、秋田市、大館。みんなおもてなしの心があってやさしかった。民家に泊めていただいたときは、朝の5時からきりたんぽが出ましたけど（笑）」

約一年の旅を通じて確信したのは、落語という芸の底力、人間のやさしさ、日本という国の美しさ。「落語ができたら、どこでも人を喜ばせることができる。あの旅がなかったら、落語家としてどうなっていたかわからない」

自分と、落語と向かい合った日々、得たものは大きかったと振り返る。そこにあるのは、どこまでも真摯な姿勢と気骨。舞台にもそれがにじむから、見る人は引き付けられる。

「住みます芸人」日本一に

旅の終わりから考えていたことがあった。「今度は気に入った県に1年くらい住んでみたい」。するとまるで引き寄せたかのように「住みます芸人」プロジェクトの打診があり、秋田へと希望を出したのだという。そして2011年に移住。その後の活躍ぶりは周知のとおりだ。

自前の劇場（ＳＪＫ劇場・秋田市大町）や県内各地での寄席開催、テレビ・ラジオなどへの出演に加え、秋田魁新報へのコラム執筆、毎晩のユーストリーム番組生配信（ＹＮＮチャンネル最多視聴数を獲得）など、幅広い活動が評価され「日本元気大賞２０１２」グランプリを受賞。受賞については「僕がとったというより、秋田県のみなさんにとらせてもらった賞」といたって謙虚だ。

ねぶり流し館で行われた「秋田情熱ひとり会」での一場面（2011年10月）

豪雪も体験し、秋田暮らしも慣れてきた。「秋田は春夏冬冬、秋はどこにあんねんってくらい冬が長かったですね。雪道運転中、轍《わだち》にはまって助けてもらったりもしました。秋田の人は穏やかで我慢強い印象。笑いは我慢せんでええけどね（笑）」

この先も、県内各地で落語会の予定がびっしり。県の広報番組「あきたびじょん＋《プラス》」をはじめとした方々のメディアでも、目にする機会は増えるだろう。

ただ、インターネットや電波に乗って伝わってくる、いわゆるタレント的な多彩さも間違いなく彼の魅力だが、それも芸の「引き出し」のひとつということを忘れないでほしい。

言うまでもなく、彼が持つ最大の魅力は高座にこそ宿るもの。落語家ならではの華やかさと人情味。何十分という時間を片時も飽きさせない引力、感嘆するほどの声量、お客さんの頬をみるみる緩ませていく話術……その一切合切が彼の落語の醍醐味であり、その「すごさ」を体感したいなら、やはり生の寄席に足を運ぶべきである。

「落語は罪のない芸。誰かを傷つけたり、貶《おとし》めたりするものではありません。朗らかな気持ちになるものだから、気軽に聞きに来てほしい」

何かと暗い話題も多い本県に、「お笑い大使」として彼がやってきたことにはきっと意義がある。「秋田にはできるだけ長くいたい。田舎に家買って、畑もやってみたいですね」

そんな言葉と、本県と上方落語家とのうれしいご縁を素直に喜んで、一度ならず何度でも「生」の落語にふれて元気をもらいたい。


（秋田さきがけコミュニティーマガジン「郷」２０１２年６月号）

◇プロフィール　１９７０年神戸市生まれ。１９９４年神戸学院大学、落語学院を首席で卒業後、桂三枝に弟子入り。２００７年「桂三若全国落語武者修行ツアー」と称し、47都道府県で４７１回の落語会を開催。２００８年、旅をまとめた『ニッポン落語むちゃ修業』刊行。２０１１年から吉本興業の地域活性化プロジェクトの「住みます芸人」として秋田県在住。２０１２年、第1回「日本元気大賞」グランプリを受賞。落語界を担う若手の牽引者として期待されている。

第四章　創作　あきた落語

あきた落語

昔から海が大好きでいろんなビーチに行ってます。

一度、グアムのビーチに行った時は、パラセイリングに挑戦しました。ビーチの海の家に申し込みに行くと「順番がきたら呼びますんで、ビーチで遊んでおいてください」と片言の日本語で説明をうけました。

順番が来ると名前を呼ばれ、そこから船でパラセイリングのスポットまで連れていってくれるんです。

ビーチでくつろいでるとスタッフが順番の来た人を大声で呼びながらビーチをウロウロします。

「タナカタマー、タナカタマー」

「様」が片言で「たま」に聞こえます。ところがビーチでなかなか見つからない人がいまして、その方が中国の方だったようで、ずっと大声で連呼しながら探してます。

「金タマー金タマー金タマー」

ビーチにいる日本人の男はみんなドキッとしながら海パンをチェックしてます「はみだしてる??」ほんとにその金さんはどっか行ってしまったようで「金タマー金タマー」と叫び続けてます。そして最後に怒りながら

「金タマー…ドコヲ、ブラブラシテルネン!」

なんて思い出もありますが、学生の頃は先輩によくナンパをさせられました。後輩は完全にダシに使われます。まず先輩がボールを女の子のほうに転がして、

「すみません～ボール転がってきませんでしたかぁ～??　ああ、あったあった～」

と帰ってきます。続いて僕がでんぐり返しで転がっていき、先輩が、

「すみません～後輩転がってきませんでしたかぁ～ああ、おったおったぁ～」

という具合です。それがうけて話が弾むと「ああ～また後輩が転がっていく～」と言われ、僕はどこかに転がって消えていかねばならない運命になってます。悲しすぎるわ!　色々とビーチの上にはドラマがありますが、秋田のビーチにはどんなドラマが

待っているのでしょう。

桂浜

「先輩、これが有名な桂浜ですかぁ～」

「おう、ここが秋田の美しい海、桂浜やぁ。通称アデランスビーチゆうてなぁ、県内各所からたくさんの人が遊びに来るんやぁ」

「すごい人ですよね～」

「今日は見たところ110万人くらいいてるなぁ」

「…秋田の人口超えてますね」

「まぁ、県外からも来るからな」

「先輩は大学4年間秋田で過ごしたんですよね？」

「まぁな」

「僕は初めて秋田に来ましたけど綺麗な人が多いですね〜」

「まぁ秋田美人ゆうて日本一美人が多いところやな。女優の佐々木希さんも秋田出身やで」

「え〜そうなんですか。大好きですよ」

「女優の加藤夏希さん、歌手の藤あや子さん、アイドルの生駒里奈ちゃん、今、大人気の壇蜜さん」

「綺麗な人ばっかりですね」

「あと作家の内館牧子さん」

「…そこは外したほうがよくないですか？」

「なんちゅうこと言うねん！　そんなことより、せっかくこんな美人の多い秋田のビーチに来てんからナンパやナンパ！」

「ナンパといいますと、あのオバQをいじめる？」

「そらドロンパや！　しょうもないこと言ってんと、可愛い秋田美人をゲットするぞぉ」

「先輩、僕ナンパなんかしたことないですからどうしていいか分からないですよ」

「情けないなぁ、お前ナンパもしたことないんか。よし俺が教えたるから、お前教えた通りにやってみるか?」

「はい、先輩は昔からプレイボーイで彼女もたくさんいましたもんね。秋田にも彼女はいてるんですか?」

「ああ三人おるで。川反に一人、山王に一人、東成瀬村に一人」

「幅広いですね〜」

「年齢は上が74歳や」

「幅広過ぎますね〜」

「下は71歳や」

「幅狭すぎますよぉ〜!!　ピンポイントですやん!」

「まぁな。まずナンパに大事なことは偶然を装うことや」

「偶然を装う？」

「女の子はいかにもナンパです、ゆうのを嫌うんや。せやから偶然を装って運命的な出会いを演出してあげるんやな」

「運命的、どうやってですか？」

「まずはそのへんをブラブラ歩いてる子に声をかける『ヘイ！ 彼女！！』って」

「古っ！ それどこが運命的なんですか？ あきらかに作為的ですよ」

「ここからやがな。『どっから来たん？』って聞いたら由利とか男鹿とか言うやろ、それに合わせて『うそ～偶然やなぁ～俺も昔由利に住んでてん』とか、『俺の親父が男鹿出身やねん』とか言うわけや。で『年はいくつ？』って聞いたら『22歳』とか言うやろ、またそれに合わせて『うそ～偶然やなぁ～俺も22歳と76か月』で『何してるのぉ～？』って聞いたら『暇やからブラブラしてんねん』とか言うやろ、それに合わせて『うそ～偶然やなぁ～俺も暇やからブラブラしててん、ほな一緒に遊ぼうかぁ～』とこうなるわけや」

「なるほど～」

「ほんでまずは海の家マリンに連れていって激辛冷やしラーメンを食べたりしながら頑張って笑いをとれ、女の子は面白い男に弱いからな。それから、夕方になったらビーチに座って水平線に沈んでいく美しい夕陽を眺めて、おもいっきりカッコをつけるんや」

「なんでですか？」

「女の子はギャップに弱いからな。クールな横顔に惚れるんやな。夕陽が沈んでいくのを眺めながら『俺、お前に会ってから目が悪くなったかなぁ』と言え」

「なんでですか？」

「女の子もそう聞きよるがな。そこで決め台詞『だってもうお前しか見えへんもん』」

「かっこいいですね～」

「そこで畳み掛けるように『俺、明日から水泳教室に通わないとあかんわぁ』」

「なんでですかぁ～？」

「だって君に溺れそうなんだもん」

「めっちゃカッコいいです～」

「そして夕陽に向かって『しったげめんけ～』と叫べ。そして女の子の手をとって『じゃあ行こうか！』と」

「どこにですか？」

「『二人で秋田の少子化に歯止めをかけに行こう！』これで決まりや！　おっちょうど向こうから暇そうにブラブラ歩いてる子が来たぞ、さっそく声かけてみい！」

「分かりました。ヘイ彼女～」

「えっ？　私？？」

「そう、どっから来たん？」

「私…天王」

「てんのう…？　うそ～偶然やなぁ～俺のおかんも昔、皇室でバイトしててん」

「何の話ですか？」

「年はいくつ？」

「私、いくつに見えます？」

「うそ〜偶然やなぁ〜俺もいくつに見えます？？」

「分かりませんけど」

「ほんで何してんのぉ〜？」

「私、暇やから…」

「うそ〜偶然やなぁ〜俺も暇やねん。暇やからどうすんの？」

「家帰るんです」

「うそ〜偶然やなぁ〜俺も暇やから家帰るねん〜ほなバイバイ〜！　ってあかんがな!!　暇やからって家帰ったら俺はもっと暇なるやん。とりあえず海の家に行こう！」


と、秋田美人のこの女の子、大阪から来たこの男の天然ぶりが面白いというので意外に話が弾み、いよいよここからが勝負の夕方になります。

「わぁ〜綺麗な夕焼け〜」

「(ここで思いっきりカッコをつけて)俺、お前に会ってから目が悪くなったかなぁ～」

「えっ?なんで??」

「だって…お前が見えへんもん…」

「えっ??　見えないの???」

「だから明日から水泳教室に通おうと思ってる」

「危ないよ～目が見えないのに、溺れるよ～」

「そう溺れないために。(よし、夕陽に向かって)下の毛～抜きてぇ～」

「変態!!」

「じゃあ行こうか?」

「どこによ?」

「二人でたくさん子供をつくりに行こう!」

「子供、子供っていきなり…あい～しょし～」

「そうそう、その、『しょし～』化に歯止めをかけよう」

第五章　桂三若　あきた略年表

桂三若の秋田での主な出来事年表

２０１１年

５月　吉本興業の企画『あなたの街に住みますプロジェクト』で秋田に引っ越し。
ユーストリーム放送ＹＮＮ47『桂三若のもう一杯分話そうぜ！』スタート。
以降３６５日休まず配信。43日連続で全国1位の金字塔を打ち立てる。

６月　秋田魁新報にてコラム『桂三若の秋田むちゃ修行』開始（２０１５年2月現在『あきたお笑い大使　桂三若珍道中』として継続中）

７月　ＡＡＢ『ぷあぷあ金星』出演
ＡＢＳラジオ『桂三若の大好き秋田の海』開始（以降7~9月の季節番組として継続中）
お好み焼き『てんから』ＣＭ出演
秋田県より『秋田お笑い大使』に任命される
秋田市大町にＳＪＫ劇場開設。積極的にワンコイン寄席を開催する。

８月　あきたタウン情報にてコラム『住みます芸人 桂三若 あきたの温泉巡り』開始（２０１４年

３月まで）
秋田市竿燈会メンバーとして竿燈祭に参加
9月　ＡＫＴ『がっこ茶っこＴＶ』出演（以降準レギュラー、２０１２年3月まで）
シャープ『ＬＥＤライト』秋田版ＣＭ出演。
10月　自主興行『桂三若の秋田情熱ひとり会vol.１』開催（ゲスト・シャバ駄馬男）
11月　ＮＨＫ『あきたよる金　テーマ・人口減少』に出演
ＡＢＳ『おはよう秋田市長です』出演
ＡＢＳラジオ『桂三若の寄席場いいのに』（２０１5年2月現在継続中）
由利高原鉄道にて『桂三若と行く落語列車』開催
12月　ＡＫＴ『柳葉敏郎のＧＩＢＡちゃんとＧＯＬＦへＧＯ！』ゲスト出演
ＡＢＳ『わたしたちの２０１１』出演
ＡＢＳラジオ『好き！スキ！ＳＫＩ！なう！』準レギュラー出演（以降、12月～2月の季節番組として準レギュラー出演）
自主興行『桂三若の秋田情熱ひとり会vol.２』開催（ゲスト・ブラボー中谷）

2012年

1月　県政番組『新春知事対談』出演
　　　AKT『うどんTV』出演
　　　秋田県警の一日通信指令課長に
2月　自主興行『桂三若の秋田情熱ひとり会vol.3』開催（ゲスト・石垣政和）
3月　『第一回日本元気大賞』受賞（住みます芸人日本一）
4月　県政番組『あきたびじょん＋《プラス》』開始（2014年3月まで）
　　　自主興行『桂三若の秋田情熱ひとり会vol.4』開催（ゲスト・あべ十全）
　　　由利本荘市にて『桂三枝、三若親子会』開催
6月　由利高原鉄道にて『第二回桂三若と行く落語列車』開催
　　　ヤートセ秋田祭にてチーム三若出陣
7月　自主興行『桂三若の秋田情熱ひとり会vol.5』開催（ゲスト・秋田放送アナウンサー）
　　　秋田ケーブルテレビ『AKITAるJACK』開始（2015年3月まで）
　　　ABS『キリンミステリー劇場～桂三若のなぞ解きで乾杯～』出演

8月　秋田内陸線鉄道にて『ワンデーオーナー桂三若号』が発進！
9月　エフエム秋田『桂三若のもう一杯分話そうか？』レギュラー出演
　　　秋田中央署の一日警察署長に
10月　自主興行『桂三若の秋田情熱ひとり会vol.6』開催（ゲスト・マティログ&ミスター北さん）
　　　ABSラジオ『すこたまファクトリー』大型自動二輪免許所得ロケ
12月　自主興行『桂三若の秋田情熱ひとり会vol.7』開催（ゲスト・再びシャバ駄馬男）

2013年

1月　秋田魁新報紙面にて『第一回秋田県大喜利大会』開催。審査委員長。
　　　劇団わらび座『わらび座笑劇場　ゆめの革財布』初日ゲスト出演
　　　自主興行『すったげよしもと！爆笑ライブvol.1』開催（秋田よしもとメンバー・桂三若、ちぇす、ブラボー中谷　ゲスト・椿鬼奴、佐久間一行）
3月　エフエム秋田『ハナキン桜庭編集部』出演。
4月　自主興行『桂三若の秋田情熱ひとり会vol.8』開催（ゲスト・高田由香）

5月　ABS『エビス堂☆金』ひとことセリフ王決定戦コーナー出演（同年8月まで）
6月　秋田県25市町村すべてを回る独演会ツアー『桂三若の秋田情熱ひとり会25市町村ツアー』開始（2014年12月全て終了）
ABS『開局60周年みらくるちゃんねる』CM出演。
7月　第一回与次郎駅伝にて間寛平率いる『Team AMEMA!』メンバーとして参加
『秋田石材』CM出演
自主興行『桂三若の秋田情熱ひとり会vol.9』開催（ゲスト・ラジオ番組『桂三若の大好き秋田の海メンバー』）
9月　自主興行『すったげよしもと！　爆笑ライブvol.2』開催（秋田よしもとメンバー・桂三若、ちぇす、ブラボー中谷　ゲスト・スリムクラブ）
10月　ABS『秋田お笑い武者修行』出演
11月　自主興行『桂三若の秋田情熱ひとり会vol.10』開催（ゲスト・pramo）
12月　ABSラジオ『朝採りワイド秋田便』月一コーナーレギュラー出演（2015年2月継続中）

2014年

1月　秋田魁新報紙面にて『第二回秋田県大喜利大会』開催。再び審査委員長。
2月　『SJK劇場まつり』を10日間に渡って開催
　　自主興行『すったげよしもと！ 爆笑ライブvol.3』開催（秋田よしもとメンバー・桂三若、ちぇす、ブラボー中谷　ゲスト・しずる）
3月　自主興行『桂三若の秋田情熱ひとり会25市町村ツアーin秋田市』開催（ゲスト・桂文枝）
　　惜しまれつつ東京へ拠点を移す
7月　自主興行『桂三若の秋田情熱ひとり会vol.11』開催（ゲスト・渡部絢也）
8月　AKT『super jumpin』出演。
9月　第二回『SJK劇場まつり』を開催
12月　『桂三若の秋田情熱ひとり会 25市町村ツアー』美郷町で終了

2015年

2月　21日、噺家生活20周年記念秋田公演開催

あとがき

大好き！　秋田のすべて

ほんとに秋田に来れて良かった。

たくさんの方から愛情をいただき、優しくしていただき、少しだけ自分も優しくなれたような気がします。

人間が優しくなると必ず落語も優しくなれるはずです。もっともっと全国で修行を積んで、優しい落語家を目指して精進していきます。

そして必ず秋田に帰って来て、岩城あたりに一戸建てを建てるのが僕の夢です。

この大好きな秋田がもっともっと元気になれるよう、少しでも役にたつ男になりたい。

皆さんからいただいた恩は一生かけて返していきたいです。

それでは「我が秋田軍は永久に不滅です」の言葉とともに扇子を置かせていただきます（いや、置いたらいかんよ！）。
最後にこの本を出版するにあたってお世話になりました、秋田魁新報社さん、そして原稿の催促を何度しても「いや、俺はやる時はやる男やから。まだそのやる時じゃないだけや」とか訳の分からん言い訳ばっかりされて、大変心労がたまったであろうTマネージャー、そして取材に協力してくださったすべての皆様に心からお礼を申し上げます。

桂　三　若

二〇一五年二月

桂三若　いろはに秋田

著　　者　桂　三若
協　　力　株式会社 よしもとクリエイティブ・エージェンシー
発 行 日　2015年2月18日　初版
発　　行　株式会社 秋田魁新報社
〒010-8601 秋田市山王臨海町1－1
Tel. 018・888・1859（出版部）
Fax. 018・863・5353
定　　価　本体926円＋税
印刷・製本　秋田活版印刷株式会社

ISBN　978-4-87020-369-3　C0295 ¥926E